国家社会科学基金资助项目（编号：11BZZ027）

收入平等目标下的农村扶贫政策研究

王宏杰　著

科　学　出　版　社
北　京

内 容 简 介

本书运用阿马蒂亚·森的多维贫困观和利于穷人的分配理论、罗尔斯的公正理论以及埃里克·S. 赖纳特的产业发展理论等作为研究的理论基础，分析农村人口尤其是农村贫困人口对收入不平等现象的看法、容忍程度以及收入不平等的影响因素。同时，利用满意程度评估方法分别对贫困村整村推进综合开发政策、农业产业化扶贫政策、"雨露计划"转移培训和扶贫搬迁易地开发等四种扶贫政策的效果进行实证分析。最后综合考虑农村贫困人口的建议，从科学发展观角度提出有利于农村贫困人口发展从而利于缓解收入不平等现象的扶贫政策建议。

本书可供贫困理论研究者和扶贫干部参阅，也可作为高等院校相关专业教学的参考资料。

图书在版编目(CIP)数据

收入平等目标下的农村扶贫政策研究／王宏杰著.—北京：科学出版社，2017.6

ISBN 978-7-03-053360-9

Ⅰ.①收⋯　Ⅱ.①王⋯　Ⅲ.①农村–扶贫–经济政策–研究–中国　Ⅳ.①F323.8

中国版本图书馆 CIP 数据核字（2017）第 123626 号

责任编辑：林　剑／责任校对：彭　涛
责任印制：张　伟／封面设计：无极书装

科学出版社出版
北京东黄城根北街 16 号
邮政编码：100717
http://www.sciencep.com

北京厚诚则铭印刷科技有限公司 印刷
科学出版社发行　各地新华书店经销

*

2017 年 6 月第 一 版　开本：720×1000　B5
2018 年 1 月第二次印刷　印张：10 3/4
字数：230 000
定价：78.00 元
（如有印装质量问题，我社负责调换）

前　言

　　目前，中国的收入不平等现象较为严重。收入不平等现象可能引发严重的社会政治问题，甚至引发冲突，因此，解决收入不平等问题是中国亟待解决的重大问题。在这种背景下，深入研究收入不平等问题，提出切实可行的政策建议，无疑具有重要的理论意义和实际价值。在理论上，本书运用阿马蒂亚·森的多维贫困观理论、约翰·罗尔斯的公正理论以及农民参与式发展理论等作为分析的理论基础，考察中国农村贫困人口对收入不平等问题的看法和容忍度，这是一个可取的理论尝试，它能为中国扶贫政策的进一步改进提供理论基础。在实践上，本书研究了中国农村贫困人口对收入不平等的态度、收入不平等形成原因的看法，对扶贫政策的满意度进行分析，并在此基础上提出政策建议。本书可为政府制定相关的政策提供科学的决策参考，具有重要的应用价值。

　　这项成果主要内容包括六部分。

　　（1）研究的理论基础。本书首先阐述了阿马蒂亚·森的多维贫困观理论、罗尔斯的公正理论、埃里克·S. 赖纳特提出的作为农业产业化的理论依据以及农业经济学的相关理论。这部分分析具有两方面的重要作用：一是能够在一定程度上检验中国 21 世纪提出的贫困村整村推进综合开发政策、农业产业化扶贫政策、"雨露计划"转移培训扶贫政策和扶贫搬迁易地开发政策等扶贫政策是否科学合理。二是为规范地分析中国 21 世纪实施的贫困村整村推进综合开发政策、农业产业化扶贫政策、"雨露计划"转移培训扶贫政策和扶贫搬迁易地开发政策等扶贫政策的实施效果提供科学依据。

　　（2）多维贫困标准和多维贫困标准下农村的贫困现状分析。首先，分析了影响贫困地区农村人口收入满意度的因素，以此来验证收入水平高低并不是影响贫困地区农村人口对收入满意程度高低的唯一标准，并进一步分析了将收入作为单一的标准划分贫困对象存在的问题，从而提出以多维贫困标准来衡量农村人口贫困与否的必要性。其次，在阐述多维贫困标准的基础上，利用多维贫困标准从教育贫困、环境贫困、消费贫困、健康贫困等多个角度对中国农村的贫困问题进行分析。

（3）农村贫困人口对收入不平等现象的看法及影响因素分析。参考"国际社会公正调查"中的相关问题，就贫困地区农村贫困人口对收入不平等现象的看法及造成收入不平等的影响因素等问题对贫困地区的农村人口进行实地调查。利用 Logistic 逐步回归分析模型对调查所获得的调查数据进行了计量分析，通过分析，找出能力和才干方面的差异、运气因素、品行差异、个人努力程度、社会上存在的偏见和歧视、机会均等的程度、体制公平的程度、学历高低程度、家庭出身好坏及个人选择是否失误等 10 个因素中，哪些因素是影响收入不平等程度的显著性因素。

（4）现有扶贫政策效果的实证分析。中国社会中的"最不利者"——贫困地区的农村人口，作为扶贫开发政策的最终作用对象，其对于扶贫政策的效果有着最为直接的感受。因此，本书利用贫困地区农村人口满意度作为衡量标准，从贫困人口的视角对扶贫政策效果进行实证分析。以贫困地区农村人口对扶贫政策的满意度作为因变量，以性别、年龄、受教育年限、有无何种信仰、是否担任村干部、认为自己的家庭收入在当地的水平、是否了解扶贫开发政策和家庭收入等指标作为影响农村人口对扶贫政策满意度的因素，进行 Logistic 逐步回归分析。分别分析了贫困村整村推进综合开发政策、农业产业化扶贫政策、"雨露计划"转移培训扶贫政策和扶贫搬迁易地开发政策等扶贫政策的效果。

（5）扶贫政策效果的比较分析。分别从增加贫困地区农村人口收入、减少贫困规模、脱贫人数与参与贫困政策人数比值等方面对贫困村整村推进综合开发政策、"雨露计划"转移培训扶贫政策、农业产业化扶贫政策和扶贫搬迁易地开发政策等扶贫政策的效果进行了对比分析，解析四种扶贫政策的优劣，并进一步分析了扶贫政策实施效果有待提高之处。

（6）利于贫困人口脱贫的扶贫政策改进的建议。运用福利经济学的理论，综合考虑农村贫困人口提出的政策建议，总结出更加利于贫困人口摆脱贫困的扶贫政策改进的建议。

通过研究，得出了如下基本结论和观点。

（1）扶贫政策基本导向的正确性。中国的贫困人口多分布于广大的农村地区，而造成这种情况的很大原因与农业产品的弹性较小密切相关。具体表现为两种情况：一是农产品价格弹性缺乏；二是人们对农业产品的需求收入弹性小。在这种情形下，对贫困的农村地区采取的扶贫政策就要积极考虑如何克服农业生产领域的这种客观不利情况。中国在 21 世纪实施的整村推进综合开发政策、"雨露计划"转移培训扶贫政策、农业产业化扶贫政策和扶贫搬迁易地开发政策等扶贫政策，都基本上肯定了提升就业能力，拓展就业领域对于中国贫困地区农村人口摆脱贫困具有重要的指导意义。

（2）贫困地区农村人口认为在其生活的小环境中收入不平等程度较大。66.88%的受访者认为应将收入差距控制在 4 倍以下，84.74%的受访者认为应将收入差距控制在 5 倍以下，只有 6.49%的受访者认为可以接受收入差距达到 5 倍以上。但大部分受访者认为这种收入不平等是由个人的能力和才干、个人努力程度和个人选择的正确性等个人绩效因素造成的，因此这种不平等是公平的，表明贫困地区农村人口更多地接受这种收入上的不平等，并将其原因归结为自身的原因而不是怨恨社会。但是，本书仍建议进一步规范贫困的标准，让扶贫政策更加公平公开。

（3）利用多维贫困标准来衡量贫困。收入贫困线是划分贫困人口并以此作为给予一定经济补偿的标准，这种标准的单一性以及农村人口收入统计的困难性，导致基层工作人员在实际工作中具有一定的操作难度，并且引起了农村人口对相关政策的不满。借鉴阿马蒂亚·森的多维贫困标准，本书从教育、健康、环境等多个方面衡量了中国农村贫困的现状，并以此标准来选定贫困人口作为调查对象，希望能够更加客观公正地反映农村人口贫困的现实以及使由此标准选定的帮扶对象更加具有针对性。

（4）对选择性贫困人口和约束性贫困人口采取不同的帮扶措施。首先要分清贫困人口贫困的原因。人们是否贫困在一定程度上取决于其内心是愿意选择贫困还是不贫困，由此需要采取区别措施进行帮扶。同时，对农村特殊贫困家庭要加大扶持力度。随着农村医疗保险和新型农村社会养老保险制度的出台，农村老年人口的贫困状况有所改善，目前农村贫困群体中生活最为困难的多是身体残疾和智力障碍人员，由于这些贫困人口很难找到能够胜任的工作，因此，基本不可能通过整村推进综合开发政策、"雨露计划"转移培训扶贫政策、农业产业化扶贫政策和扶贫搬迁易地开发政策等扶贫政策来提高收入从而脱贫致富。对于这类贫困人口，政府需要做的就是不断完善相关政策，给予其直接的物力和财力的帮扶，确保其能够有尊严地生活。而对于选择性造成的贫困则要重视贫困人口能力的建设。通过个人能力的建设来避免和消除贫困是扶贫的根本途径，通过提高贫困人口的教育水平、身体素质、劳动技能等多种途径增强其就业能力，提高其收入水平，从而减少社会上出现的收入不平等现象，最终走共同富裕的道路，确保社会和谐发展。因此，扶贫政策的作用效果如何及如何进一步改进以更好地发挥作用，对于解决贫困问题、收入不平等问题以及促进社会和谐发展问题都有着至关重要的作用。

（5）立足贫困地区的实际情况，制定适合当地农村经济发展的扶贫政策。

逐步建立"以产业化扶贫政策为主,整体推进扶贫政策为辅,其他扶贫政策综合利用"的扶贫政策体系,实现"整体带动、个体辐射"的扶贫局面,实现广泛带动贫困户脱贫、降低贫困规模、减小贫困的深度与广度的三重扶贫效果。

(6)除此外,要确保扶贫政策的持续性,进一步建立健全农村地区的社会保障体系,提高农村人口进入市场的组织化程度以及大力发展新型乡镇龙头企业。

本书是在笔者主持的国家社会科学基金项目"农村贫困人口对收入不平等现象的反应程度及扶贫政策研究"(项目批准号:11BZZ027)的研究成果基础上形成的。在笔者的带领和指导下,先后有 1 名硕士生和多名本科生参与了农村贫困问题的调查和研究工作,其中,冯海峰的硕士论文及 7 名本科生的毕业论文选题与本课题设定的研究内容直接相关;李东岳同学基本全程参与了本项目的实地调查、数据的整理与计量分析。在项目的进展过程中,得到了多位专家和相关部门的支持和帮助。华中农业大学罗小锋教授、汪晓银教授、颜廷武副教授、李学婷博士、金铃博士以及中南民族大学李海鹏副教授等在资料收集、数据分析等方面提出了宝贵的建议和意见。湖北省人民政府扶贫开发办公室、湖北省英山县人民政府扶贫开发办公室、湖北省松滋市人民政府扶贫开发办公室等单位对课题的调研工作提供了热心的帮助。在此,对各位表示衷心的感谢!

本书在写作过程中大量参考了国内外各类文献资料,在此向所有著者致以最为诚挚的谢意!由于受笔者能力所限,书中难免存在一些不足,亟待后续研究的加强和完善,在此也恳请读者批评指正。

王宏杰

2017 年 3 月 30 日

目　录

第一章　导论 ··· 1

一、问题的提出 ··· 1

二、研究目的、研究意义和研究方法 ····················· 8

三、国内外研究动态 ·· 11

四、研究数据 ·· 14

五、研究内容、技术路线与研究结论 ····················· 16

六、可能的创新 ·· 20

参考文献 ·· 21

第二章　理论基础 ··· 23

一、阿马蒂亚·森的多维贫困观 ·························· 23

二、罗尔斯的公正理论 ····································· 26

三、农业产业化的理论依据 ······························· 28

参考文献 ·· 29

第三章　农村扶贫政策与调研地区政策实施的基本状况 ······· 30

一、21 世纪农村的扶贫政策 ······························ 31

二、湖北省贫困地区的分布与贫困状况 ··················· 33

三、21 世纪湖北省实施新的扶贫开发政策取得的宏观成效 ··· 37

四、湖北省松滋市农村贫困的现状及扶贫政策的演变历程 ··· 39

五、湖北省英山县农村贫困的现状与贫困村整村推进综合开发政策
　　的实施 ··· 48

参考文献 ·· 50

第四章　多维贫困标准和多维贫困标准下农村贫困的现状 ………… 52

　一、贫困对象选取的单一标准：收入 ……………………… 52

　二、收入是影响贫困地区农村人口收入满意度的唯一因素吗？ ……… 53

　三、收入标准认定扶贫对象引起的问题 ……………………… 63

　四、多维的贫困标准 ……………………………………… 67

　五、多维贫困标准下中国农村贫困现状 ……………………… 68

　六、小结 ………………………………………………… 76

　参考文献 ………………………………………………… 77

第五章　贫困地区农村人口对收入不平等的看法 ……………… 80

　一、调研工作 …………………………………………… 82

　二、贫困地区农村人口对收入不平等问题的基本看法 ………… 84

　三、贫困地区农村人口对收入不平等影响因素看法的计量分析 … 84

　四、农村贫困人口能够容忍的收入不平等程度分析 …………… 88

　五、结论 ………………………………………………… 88

　参考文献 ………………………………………………… 89

第六章　贫困地区农村人口对贫困村整村推进综合开发政策的满意度
　　　分析 ……………………………………………… 91

　一、调查对象的选取 …………………………………… 94

　二、贫困村整村推进综合开发政策的基本运行情况 …………… 96

　三、影响贫困地区农村人口对贫困村整村推进综合开发政策的满意程度
　　　高低的因素分析 …………………………………… 98

　四、结论 ………………………………………………… 102

　参考文献 ………………………………………………… 103

第七章　贫困地区农村人口对农业产业化扶贫政策的满意度分析 ……… 105

　一、湖北省松滋市农业产业化扶贫政策实施的基本情况 ……… 108

　二、调查对象的基本情况 ………………………………… 109

　三、农业产业化扶贫政策的运行情况 …………………… 111

　四、影响贫困地区农村人口对农业产业化扶贫政策的满意程度高低的
　　　因素分析 …………………………………………… 112

　五、结论 ………………………………………………… 114

  参考文献 ……………………………………………………………………… 115

第八章　贫困地区农村人口对"雨露计划"转移培训扶贫政策的满意度
　　　　分析 ……………………………………………………………… 116

　一、湖北省松滋市"雨露计划"转移培训扶贫政策的基本情况 …… 120
　二、调查对象的基本情况 ………………………………………………… 120
　三、"雨露计划"转移培训扶贫政策的运行情况 ……………………… 122
　四、影响贫困地区农村人口对"雨露计划"转移培训扶贫政策的满意
　　　程度高低的因素分析 ………………………………………………… 123
　五、结论 …………………………………………………………………… 126
　参考文献 …………………………………………………………………… 127

第九章　贫困地区农村人口对扶贫搬迁易地开发政策的满意度分析 ……… 128

　一、湖北省松滋市扶贫搬迁易地开发政策的基本情况 ………………… 129
　二、调查对象的基本情况 ………………………………………………… 130
　三、扶贫搬迁易地开发政策的运行情况 ………………………………… 132
　四、影响贫困地区农村人口对扶贫搬迁易地开发政策的满意程度高低
　　　的因素分析 …………………………………………………………… 133
　五、结论 …………………………………………………………………… 135
　参考文献 …………………………………………………………………… 136

第十章　四种扶贫政策效果的比较分析 ……………………………………… 138

　一、四种扶贫政策效果对比分析 ………………………………………… 138
　二、扶贫政策实施效果有待提高之处 …………………………………… 141
　参考文献 …………………………………………………………………… 143

第十一章　扶贫经验案例 ……………………………………………………… 144

　案例1　郑家榜村村扶贫互助社助村民摆脱贫困 ……………………… 144
　案例2　郑家榜村整村推进综合开发扶贫模式 ………………………… 145
　案例3　灌南农业产业化扶贫模式 ……………………………………… 145
　案例4　恩施州龙凤镇农业产业化扶贫模式 …………………………… 147
　案例5　恩施州龙凤镇移民扶贫搬迁模式 ……………………………… 150

第十二章　完善扶贫政策的政策建议 ……………………………………… 152

一、扶贫政策基本导向的正确性 ……………………………………… 152

二、如何正确看待贫困人口的贫困问题 …………………………… 154

三、区别对待选择性贫困和约束性贫困人口的帮扶措施 ………… 155

四、进一步规范贫困的标准，让扶贫政策更加公平公正 ………… 156

五、充分尊重贫困人口的反馈意见，不断完善扶贫政策 ………… 156

六、因地制宜优化扶贫政策 …………………………………………… 157

七、确保扶贫政策的持续性 …………………………………………… 158

八、进一步建立健全农村的社会保障体系 ………………………… 158

九、提高农村人口进入市场的组织化程度 ………………………… 158

十、大力发展新型乡镇龙头企业 …………………………………… 159

参考文献 …………………………………………………………………… 159

第一章
导　论

一、问题的提出

为了推动经济的快速发展，1978 年，中国进行了经济体制改革，并先后对东部及沿海地区实施了一系列优惠的扶持政策支持这些地区优先发展。1992年，邓小平在南方谈话中进一步强调指出，"一部分地区有条件先发展起来，一部分地区发展慢点，先发展起来的地区带动后发展的地区，最终达到共同富裕"。①

（一）中国居民收入水平和消费水平快速提升

改革开放带来了中国经济的快速增长，据有关研究表明，中国改革开放33 年，经济年均增长 9.6%（彭森，2012），2010 年，中国 GDP 总量更是跃居全球第二。在经济快速增长的过程中，中国富豪数量不断增加，胡润财富报告显示，2013 年，中国千万富豪已达 105 万人②，亿万富豪 6.45 万人，分别比2012 年增长 3% 和 2%。在经济快速增长和富豪数量不断增多的情况下，中国的奢侈品消费水平不断提升，早在 2009 年，中国消费者就花费了大约 100 亿人民币购买了全球约 30% 的奢侈品，从而成为全球第二大奢侈品消费市场③。胡润百富董事长兼首席研究员 Rupert Hoogewerf 在谈及中国奢侈品消费问题时指出，"对于多数的奢侈品品牌，无论是在消费量占最大的市场份额还是在快速增长方面，中国的奢侈品消费量已经排名首位"。

在经济快速发展的进程中，中央政府一直坚持把增加农村人口收入作为工

---

① 邓小平 . 1993. 在武昌、深圳、珠海、上海等地的谈话要点 . 邓小平文选（第三卷）. 北京：人民出版社 .
② http：//www. hurun. net/zhcn/WPList. aspx.
③ http：//english. cntv. cn/program/bizasia/20101008/102907. shtml.

作的重中之重。随着家庭联产承包责任制在农村的推行，随着"两减免、三补贴、四保障"等支农惠农政策的出台，中国农村居民的收入快速增长，2012年，农村居民家庭平均每人纯收入7916.6元，比2002年增加5441元，增长率约为219.8%。从收入构成来看，家庭经营收入在农村居民收入来源渠道中所占比重最大，多年来都在44%以上，是中国农村人口收入的主要来源。2012年，受国家各项惠农政策的支持，农村居民家庭收入稳步增加，平均每人家庭经营纯收入3533.4元，比2002年增加了2046.9元。然而，家庭经营收入占农村居民总收入的比重呈下降趋势，2012年，平均每人家庭经营纯收入占农村居民家庭平均每人纯收入的44.63%，所占比重比2002年下降了约15个百分点；工资性收入所占地位仅次于家庭经营性收入而位居第二位。2012年，农村居民家庭平均每人工资性纯收入3447.5元，占农村居民家庭平均每人纯收入的43.55%，所占比重比2002年增加了约10个百分点；2012年，农村居民平均每人转移性纯收入686.7元，约占当年纯收入的9%，比2002年增加了5.99倍；在农村居民收入的构成中，财产性收入所占比例最小但是增长速度最快，2012年，中国农村居民家庭平均每人财产性纯收入249.1元，比2002年增加了3.91倍（表1-1）。

表1-1　2002～2012年中国农村居民家庭年人均纯收入及构成

指标 \ 年份	2002	2003	2004	2005	2006	2007	2008	2009	2010	2011	2012
平均每人纯收入/元	2475.6	2622.2	2936.4	3254.9	3587	4140.4	4760.6	5153.2	5919	6977.3	7916.6
平均每人工资性纯收入/元	840.2	918.4	998.5	1174.5	1374.8	1596.2	1853.7	2061.3	2431.1	2963.4	3447.5
平均每人家庭经营纯收入/元	1486.5	1541.3	1745.4	1844.5	1931	2193.7	2435.6	2526.8	2832.8	3222	3533.4
平均每人财产性纯收入/元	50.7	65.8	76.6	88.5	100.5	128.2	148.1	167.2	202.2	228.6	249.1
平均每人转移性纯收入/元	98.2	96.8	115.5	147.4	180.8	222.3	323.2	398	452.9	563.3	686.7
比重（纯收入＝100）/%											
工资性收入/%	33.94	35.02	34.00	36.08	38.33	38.55	38.94	40.00	41.07	42.47	43.55
家庭经营纯收入/%	60.05	58.78	59.45	56.67	53.83	52.98	51.16	49.03	47.86	46.18	44.63

指标 \ 年份	2002	2003	2004	2005	2006	2007	2008	2009	2010	2011	2012
财产性收入/%	2.05	2.51	2.61	2.72	2.80	3.10	3.11	3.24	3.42	3.28	3.15
转移性收入/%	3.97	3.69	3.93	4.53	5.04	5.37	6.79	7.72	7.65	8.07	8.67

资料来源：中华人民共和国国家统计局年度数据，2002～2012 年；http：//219.235.129.58/report-YearQuery.do? id=0800&r=0.5972805697936728。

从中国各省、自治区、直辖市的农村居民收入情况来看，2002～2012 年，31 个省、自治区、直辖市的农村居民人均纯收入均呈递增之势，2012 年相对于 2002 年，全国农村居民人均纯收入增长 5441 元，年均增长率为 21.98%，其中 18 个省、自治区、直辖市的农村居民人均纯收入的增长速度超过了全国增速的平均水平。2012 年相对于 2002 年，西藏自治区、吉林省、内蒙古自治区、陕西省、黑龙江省、重庆市、新疆维吾尔自治区、辽宁省、河南省、江西省、安徽省、云南省、四川省、天津市、宁夏回族自治区、青海省、湖北省和山东省农村居民家庭人均纯收入分别增长了 4257.1 元、6297.2 元、5525.3 元、4166.2 元、6198.6 元、5285.7 元、4530.4 元、6632.4 元、5309.2 元、5522.9 元、5042.9 元、3807.9 元、4893.8 元、9746.8 元、4262.9 元、3695.5 元、5407.6 元和 6498.8 元，年均增长比率分别达到了 29.11%、27.37%、26.49%、26.10%、25.77%、25.20%、24.31%、24.11%、23.96%、23.94%、23.81%、23.67%、23.22%、22.78%、22.23%、22.14%、22.13% 和 22.05%，超过了全国平均增长率。

改革开放带来了经济的高速增长，使得中国农村居民收入水平大幅度提高，生活条件得到极大程度的改善，使得一部分群体快速富裕并能够享受奢侈品消费，但与此同时，中国还面临着一些极为严峻的挑战。中国的人均财富值不高，世界银行公布的数据显示，2011 年，中国的人均 GDP 只有 5445 美元，排在全球第 87 名。中国整体人口生活质量还不高，2011 年人类发展报告也显示，在 187 个国家中，中国人类发展指数（HDI，包括预期寿命、成人识字率和人均 GDP 的对数三个指标。这三个指标分别反映了人的长寿水平、知识水平和生活水平）排在第 101 位[1]。另外，中国居民收入差距呈现日益增大的趋势，这引起了广泛的关注。

---

[1] http：//www.chinadaily.com.cn/business/2013-02/01/content_16194661.htm.

(二) 居民收入差距不断增大

中国不同地区的农村居民之间、城乡居民之间的收入差距不断增大。主要表现为以下几个方面。

1. 地区间农村居民收入差距逐年扩大

本书通过区域收入差异对各地区之间农村居民收入存在的差距进行分析。区域收入差异有绝对收入差异和相对收入差异，本书用标准差来计算绝对收入差异，用极值差率来计算相对收入差异。其中，标准差是反映各区域指标值与其算术平均值的偏离程度，其值越大，表示区域间农村居民收入的绝对差异越大；极值差率是农村居民收入最大值与最小值的比率，反映了区域间相对差异变动的最大幅度。

第一，不同地区之间农村居民人均纯收入绝对差异扩大的趋势具有逐年加速的倾向。中国内地31个省、自治区、直辖市的农村居民人均纯收入的标准差呈现逐年加大的趋势，从2002年的1196.51元增加到2012年的3336.02元（图1-1），扩大到2002年的2.79倍。

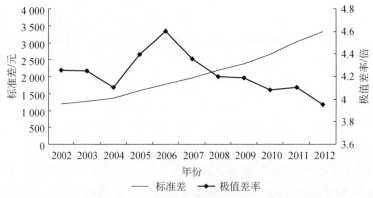

图1-1　中国内地31个省、自治区、直辖市农村居民收入区域差异变化

资料来源：国家统计局年度数据，2002～2012年。

第二，最贫困与最富裕的地区农村居民人均纯收入存在较大的差异。2002～2012年，最贫困的省（自治区）与最富裕的上海市农村居民人均纯收入极值差率均在3.9以上（图1-1）。2002年，上海市与西藏自治区农村居民人均纯收入极差为4761.30元，2012年上海市和甘肃省农村居民人均纯收入极差则扩大到了13 297元。

2. 城乡居民收入差距逐年扩大

2012 年，中国城镇居民人均可支配收入 24 564.7 元，比 2002 年增加 16 861.9 元，增长幅度为 2.19 倍；2012 年，农村居民家庭人均纯收入 7916.6 元，比 2002 年增加 5441 元，增长幅度为 2.20 倍，但是，2002~2012 年，城乡居民收入比均在 3.10 以上，可见城乡居民收入差距较大。

3. 贫困地区与全国农村居民收入差距较大

中国还有相当一部分人口处于贫困的境况，据世界银行和国际货币基金组织发布的 2014/2015 年全球监测报告显示，全球 72% 的极端贫困人口（每天生活费用不足 1.25 美元）集中居住在印度、尼日利亚、中国、孟加拉国、刚果民主共和国、印度尼西亚、埃塞俄比亚、坦桑尼亚、巴基斯坦和马达加斯加 10 个国家。其中，中国极端贫困人口数量占世界极端贫困人口总量的 8%，数量仅低于印度和尼日利亚，在全球极端贫困人口最多的国家中排名第三位（表 1-2）。

表 1-2　2011 年全球极端贫困人口 * 最多的前 10 国家

序号	国家（地区）	极端贫困人口比例/%
1	印度	30
2	尼日利亚	10
3	中国	8
4	孟加拉国	6
5	刚果民主共和国	5
6	印度尼西亚	4
7	埃塞俄比亚	3
8	坦桑尼亚	2
9	巴基斯坦	2
10	马达加斯加	2
11	世界其他国家或地区	28

* 极端贫困人口指每日生活费不足 1.25 美元处于极度贫困状态的人口。

资料来源：http://www.openisbn.org/download/1464803366.pdf? name = Global _ Monitoring _ Report_ 2014_2015_Ending_Poverty.

中国的贫困人口主要分布在农村地区，近年来中国贫困地区农村居民人均纯收入不断增长，从 2002 年的 1305 元增加到 2010 年的 3273 元，但其收入水平仍远远低于全国农村居民人均收入水平，扶贫重点县农民人均纯收入和全国

农村居民人均纯收入相比，仍处于较低水平，2010 年，扶贫重点县农村居民
人均纯收入仅为全国农村居民人均纯收入的 55.3%（图 1-2）。

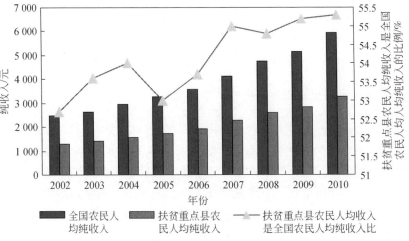

图 1-2　全国与扶贫重点县农民人均收入比较

资料来源：国家统计局住户调查办公室，2012。

贫困地区农村居民的收入构成与全国农村居民的收入构成之间也存在着较
大的差异。

第一，工资性收入比重低于全国平均水平。2010 年，扶贫重点县农村居
民人均工资性收入 1168.5 元，比全国平均水平低 1262.6 元。2010 年，扶贫重
点县农村居民人均工资性收入占其纯收入的 35.70%，低于全国农村居民平均
水平 5.37 个百分点（表 1-3）。

表 1-3　2010 年贫困地区及全国农村居民收入来源构成

地区	纯收入 /元	工资性收入 /%	家庭经营纯收入 /%	财产性收入 /%	转移性收入 /%
全国	5919	41.07	47.86	3.42	7.65
扶贫重点县	3273	35.70	53.66	1.71	8.93

资料来源：国家统计局住户调查办公室，2012。

第二，家庭经营收入比重高于全国平均水平。扶贫重点县人均家庭经营纯
收入在其家庭收入中占有重要的地位。2010 年，扶贫重点县人均家庭经营纯
收入约 1756.3 元，相比工资性收入而言，高出 587.8 元，而成为扶贫重点县
农村居民收入第一重要来源。相对于全国平均水平而言，扶贫重点县人均家庭
经营纯收入在农村居民收入中所占比例过高，2010 年，比全国农村居民平均

水平高 5.8 个百分点（表 1-3）。

第三，财产性收入和转移性收入比重过低。扶贫重点县农村居民的财产性收入和转移性收入都较低。2010 年，扶贫重点县农村居民人均财产性收入约 55.97 元，占其纯收入的 1.71%（表 1-3），约占全国农村居民平均财产性收入的 27.6%。

2010 年，扶贫重点县农村居民人均转移性收入约 292.3 元，占其纯收入的 8.93%（表 1-3），约占全国农村居民平均转移性收入的 64.6%。

由上述分析可见，中国在快速发展的进程中，部分地区、部分居民在收入、消费以及生活质量等方面有了较大程度的提高，但与此同时，不同地区农村居民之间、城乡居民之间的收入差距也在扩大，尤其是贫困地区农村居民收入较低，收入不平等状况较为严重。世界银行（2009）数据进一步表明，中国收入分配不均等的情况日益严重，代表收入分配不平等程度的基尼系数从 1981 年的 0.310 增加到 2003 年的 0.474。和全球其他国家相比，中国的收入不平等程度处于较高的水平，尤其是农村收入分配不平等情况有不断恶化的趋势（Kanbur and Zhang，2005；Wan，2005；Fan et al.，2010）。越来越多的研究者意识到这个问题的严重性，并就收入差距存在的必要性问题进行了讨论。经过长期的辩论之后，形成了两类有代表性的观点：一方认为，收入差距对于经济发展是必要的，因为平均分配不能产生激励作用从而使得经济没有效率（Okun，1975）；另一方认为，较大的收入差距会让人们感到不满意，而不满的群体对身份地位的渴望以及在追求较高身份地位时遇到的阻力经常被引用作为集体暴力的来源（Gurr，1971）。在中国，学者认为较大的收入差距会对中国长期的经济发展带来负面影响（Wan et al.，2006），也会破坏中国的和谐发展（程世勇，2010）。

(三)"十二五"规划纲要及中国共产党十八届三中全会公报分析

针对收入不平等现象及其可能引起的严重性后果，中国政府高度关注，并一直积极致力于农村的扶贫工作且将追求社会公平公正作为政府的重要职责，将解决收入不平等问题摆在了政府工作的首要位置。2003 年，在全国人民代表大会和中国人民政府协商会议这两次重大会议就对农村收入和收入不平等问题给予了前所未有的重视，《国民经济和社会发展第十二个五年规划纲要》和中国共产党第十七届中央委员会第五次全体会议进一步重申了这一重要问题。"十二五"规划纲要明确提出，要加大对革命老区、民族地区、边疆地区和贫困地区的扶持力度，实现贫困人口显著减少的目标。

"十二五"规划纲要及中共十八届三中全会会议公报进一步明确提出了中国在今后一段时期解决贫困问题及追求社会公正的方向，并从教育扶持、权益扩展、社会保障、金融扶持等多个方面提供了政策保障：

（1）教育公平方面。提出改善贫困地区教育资源短缺的情况，尽快缩小这些地区与其他地区间存在的较大的教育差距；要对经济困难家庭学生予以扶持，帮助其完成学业；要加强农村教育。由此提高农村人口素质、增强农村居民就业能力。

（2）权益扩展及公平方面。提出要拓宽农村居民表达自身权益的渠道，兼顾各方群众的利益，及时解决社会矛盾。这些规定从权益方面确保出发为社会公平和社会和谐发展目标最终实现提供政策基础。

（3）社会保障及公平方面。为了确保社会保障问题得以彻底解决，文件还从医疗、养老、社会救助等方面提出了具体的政策措施。对于农村居民的医疗保障方面，提出要提高新型农村合作医疗补助标准和报销水平；同时不断完善养老保障等方面的帮助。

（4）环境扶持及公平方面。"十二五"规划纲要及十八届三中全会会议公报为农村居民生活环境的改善、进一步增加其社会福利提供政策依据。

（5）金融扶持及公平方面。"十二五"规划纲要及十八届三中全会会议公报的规定对于积极探索解决农业、农村、农民问题提供了新途径，为农村居民创业及扩展投资提供了良好的金融政策支持。

二、研究目的、研究意义和研究方法

（一）研究的目的

鉴于收入不平等现象可能会导致严重的社会政治问题，甚至引发冲突，因此，收入分配不平等问题急需解决。针对收入分配不平等的问题，罗尔斯（2001）对不平等的基本含义进行过详细的分析，他指出不平等来源于人们在社会文化和自然天赋方面的差异，作为公平的正义要关注公民整个人生的前景方面的不平等问题，而这些前景受到公民出身的社会阶级、自然天赋及其发展天赋的机会和他们在人生过程中的幸与不幸、好运与厄运的影响。政府应该建立起保证公平的正义所必需的规则，关注出身的社会阶级、好运与厄运等这些偶然性造成的不平等。由这些偶然性对收入分配造成的不平等是不公平的，对此，应尽可能地避免不平等自动地发挥作用。罗尔斯（2001）主张通过改善社会中"最不利者"的处境来解决社会收入分配不平等的问题。在中国，生活在贫困地区的农村贫困人口是社会中的"最不利者"，这一部分人口收入水平的提高程度、生活状况的改善程度、未来的发展前景以及其对收入不平等问题的看法等对于中国经济的持续快速增长、对社会的稳定和谐发展起着非常重要的作用。因此，帮扶贫困人口就显得极为重要，不仅可以救助穷人，开发人力资源，而且可以减少甚至消除收入不平等现象，缩小地区差距和城乡差距，确保共同富裕，建设人人机会平等的和谐社会。

为了确实能够帮助社会中"最不利者"——农村贫困人口增加收入、改善生活状况，中国政府长期积极致力于扶贫工作，并取得了极为显著的成效，中国的贫困人口数量和比例大幅度下降。为了更有针对性地帮助剩余的贫困人口摆脱贫困，中国政府在21世纪制定并实施了新的扶贫政策。为了了解扶贫政策的效果，有必要了解扶贫政策作用对象——农村贫困人口对扶贫政策的看法，这对进一步完善扶贫政策有着极为重要的意义。为此，本书在充分查找文献数据资料和进行实地调查获得第一手数据资料的基础上，对中国农村贫困状况和实施的扶贫政策以及农村贫困人口对扶贫政策的满意度、农村贫困人口对收入不平等的看法等方面进行了深入的分析，从而探讨扶贫政策改进的途径和具体措施，为进一步帮助农村贫困人口摆脱贫困、缩小收入差距从而为中国社会的和谐发展提供具有一定的理论和实践意义的政策建议。

(二) 研究的意义

在经济增长过程中，中国收入不均等的情况日益严重，代表收入不平等的基尼系数从1981年的0.310增加到2003年的0.474。和全球其他国家相比，中国的收入不平等程度处于较高的水平 (World Bank, 2009)。而较大的收入差距会让人们感到不满意，而不满的群体对身份地位的渴望以及在追求较高身份地位时遇到的阻力经常被引用作为集体暴力的来源 (Gurr, 1971)。在中国，相关研究则认为较大的收入差距会对中国长期的经济发展带来负面的影响 (Wan et al., 2006)，也会破坏中国的和谐发展 (程世勇, 2010)。针对这一问题，2003年，全国人民代表大会和中国人民政治协商会议这两次重大会议体现了对农村收入和收入不平等问题的前所未有的关注。"十二五"规划纲要和第十八届三中全会进一步重申了这一重要问题，可见，收入不平等问题是中国亟待解决的重大问题。在这种背景下，深入研究收入不平等问题，并对此提出切实可行的政策建议，无疑具有重要的理论意义和实际价值。

（1）在理论上，本书研究运用阿马蒂亚·森的利于穷人的分配理论、罗尔斯的公正理论以及农民参与式发展理论等作为分析的理论基础，考察中国农村贫困人口对收入不平等问题的看法以及容忍程度是一个可取的理论尝试，它能为中国扶贫政策的进一步改进提供科学的理论依据。

（2）在实践上，本书研究对中国农村贫困人口对收入不平等现象的态度、收入分配不平等形成原因的看法等问题进行深入的分析，并在此基础上提出有针对性的政策建议，将为政府制定相关的政策提供科学的决策参考，具有重要的应用价值。

（三）研究方法

根据上述研究思路，本书研究综合运用新制度经济学、农业经济学、公共管理学、政治学原理和福利经济学的相关理论，遵循历史与逻辑相统一的原则，采用了多种分析方法。具体的研究方法有：文献回顾方法、实地调查研究方法、定性研究和定量研究等分析方法。

1. 文献回顾方法

对相关命题研究的前期文献进行回顾，是本书得以进一步深入地对农村贫困地区收入不平等问题及扶贫政策进行分析的基础。本书多次回顾国内外文献，以期为研究的进一步开展奠定良好的基础。例如，第一章中对收入不平等存在的合理性问题、收入不平等调控的主体问题、政府如何解决收入不平等问题等理论进行了回顾；第二章中对阿马蒂亚·森的多维贫困理论、罗尔斯的公正理论及埃里克·S. 赖纳特的产业理论进行了回顾；第八章对"雨露计划"转移培训理论进行了回顾等均使用了文献回顾分析方法。

2. 实地调查研究方法

实地调查研究方法是本书的主要研究方法之一。本书主要对湖北省英山县、湖北省松滋市、湖北省恩施土家族苗族自治州（以下简称恩施州）等国定贫困县和插花贫困县的贫困地区农村人口进行了入户调查，对湖北省扶贫办、湖北省松滋市扶贫办、农业企业等相关机构以及乡村的村干部进行了访谈，收集了第一手的数据资料。为了使数据更具有说服力，在调查中，尽量采用村庄贫困农户全覆盖的方式进行，通过农户调查，收集了贫困地区农村人口对扶贫政策的态度、贫困地区农村人口对收入不平等问题的看法等一系列相关的数据资料；通过对扶贫机构和村干部的访谈，收集了贫困地区贫困的现状、村庄的经济状况及扶贫政策的实施效果等方面的定性数据资料。

3. 定性研究和定量研究

本书综合使用了定性研究方法和定量研究方法，通过定性研究方法揭示扶贫政策的基本运行情况，在此基础上，利用定量分析方法进一步进行精确的分析。

定性研究方法。本书在分析贫困村整村推进综合开发政策、农业产业化扶贫政策、"雨露计划"转移培训扶贫政策及扶贫搬迁易地开发政策的基本运行情况等方面采用了定性研究的方法，通过对受访者的反馈信息进行描述，归纳总结得出有关结论。

定量研究方法。本书在分析贫困村整村推进综合开发政策、农业产业化扶贫政策、"雨露计划"转移培训扶贫政策及扶贫搬迁易地开发政策的效果以及分析贫困地区农村人口对收入不平等影响因素的看法等内容时，对实地调查的数据进行了计量分析。

4. 比较研究方法

本书运用比较研究方法对贫困村整村推进综合开发政策、"雨露计划"转移培训扶贫政策、农业产业化扶贫政策和扶贫搬迁易地开发政策等扶贫政策的优劣势进行了比较分析，希望能够有针对性地发挥各个政策的优势，更加有效地解决农村的贫困问题。

5. 案例分析方法

课题组走访了湖北省恩施州龙凤镇、湖北省长阳土家族自治县龙舟坪镇郑家榜村、江苏省连云港市灌南县等地，对这些地区扶贫的经验进行了总结，形成了有参考价值的扶贫模式。

三、国内外研究动态

改革开放以来，中国经济快速发展。但在经济增长过程中，收入不均等的情况日益严重，尤其是农村收入分配不平等问题有不断加重的趋势（Kanbur and Zhang, 2005; Wan, 2005; Fan et al. , 2010）。从国内外研究文献看，学术界有较多的学者围绕收入不平等的相关问题进行了较为深入的研究，并取得了较为丰硕的成果。从文献梳理结果看，相关的研究主要集中于以下几个方面。

（一）关于收入不平等存在的合理性问题的研究

关于收入不平等存在的合理性问题经过了长期的争论，目前基本达成了相对一致的观点，即认为收入的平均分配无法产生激励机制，故收入完全均等化不能使经济有效运转（Okun，1975），因此，经济增长中必须存在收入差距。但较大的收入差距会让人们感到不满意，而不满的群体对身份地位的渴望以及在追求较高身份地位时遇到的阻力经常被引用作为集体暴力的来源（Gurr，1971）。就中国收入不平等的严重程度而言，会对中国经济的长期增长产生不利的影响（Wan et al.，2006），而且如果这种收入分配不平等持续恶化，将影响社会和政治的稳定。可见收入差距的存在是必要的，但应控制在合理的范围内，至于合理的范围是多少目前还没有一个明确的定论，本书希望能从农村贫困人口的视角出发得出其可容忍的收入差距范围。

（二）关于收入不平等调控的主体问题的研究

关于收入不平等调控的主体问题主要有两种争议：一种观点建议采取自由放任的态度对待收入不平等问题；另一种观点则主张政府干预收入不平等问题。关于自由放任的观点可以追溯到亚当·斯密的学说，他提出"看不见的手"引导人们追求个人利益，政府无须干涉收入问题；马尔萨斯反对英国当时的《济贫法》，认为政府不应当也无能力救济贫困，因为如果对他们救济，他们就会看不到贫困的真正原因，继续多生孩子，从而刺激人口增长。1834年，英国政府根据马尔萨斯的主张撤销了1601年以来的旧的《济贫法》，并制订了一项新的《济贫法》，使被救济的人负担繁重的劳动。马尔萨斯还根据他的人口规律，断言工人的工资水平完全取决于工人的人口数量。在他看来，劳动供过于求时，工资水平必然下降。工资水平总是随着人口的增减上升或下降。于是，他反对提高劳动者的工资，认为要想提高工资，只有缩减人口。之后马尔萨斯提出面对收入不平等问题，政府不应救济贫困，救济穷人只会刺激穷人人口增长，从而使收入不平等趋势进一步加剧。在美国资本主义向帝国主义过渡时期，"社会达尔文主义"认为收入不平等是由于人的能力差别，反对政府参与解决收入不平等问题。与自由主义倡导者相反，持政府干预观点的学者则认为，政府应对收入不平等问题予以高度关注。西斯蒙第主张政府要保证全体公民都能过上富裕的生活；诺贝尔经济学奖获得者阿马蒂亚·森在西斯蒙第的基础上，进一步指出政府不能只关心财富的增加，更要关心财富的公正分配，要对社会最底层的劳动人民给予关怀；奈特则反对"社会达尔文主义"的观点，指出虽然出身、运气和努力共同决定了一个人是穷还是富，但在这几个因素中，努力是最不重要的决定因素；布坎南将奈特的三因素决定论进一步扩展，增加了对生活道路的选择这一指标，在这四因素中，尽管通过努力获得的权利是最公正的，但其作用在四因素中是微不足道的，所以可以看出，相对于个人的主观努力来讲，作为外在的制度因素对于一个人的贫富状况更为重要。但他同样认为努力在四因素中是微不足道的。由政府干预论可以看出，相对于个人的主观努力来讲，制度因素对于一个人的贫富状况更为重要，这也是本书进行研究的一个重要理论依据。

(三) 关于中国收入不平等问题的解决主体的研究

关于中国收入不平等问题的解决主体，无论是学术界还是各级政府基本上达成了一致的观点，即认为政府具有不可推卸的责任。早在 1992 年，邓小平在南方谈话中就指出先发展起来的地区带动后发展地区，要避免两极分化，要达到共同富裕[①]；万广华 (2006) 针对中国居高不下的收入不平等问题，提出政府必须主动出击，在短期内甚至不惜牺牲部分增长来控制不均等程度，以求得国民经济持续而稳定的发展；程世勇 (2010) 提出通过进一步深化市场体制改革和转变政府职能来消除收入分配机会不公引起的收入差距问题；张车伟和张士斌 (2010) 认为政府应改革当前的收入分配制度，让劳动者能够更加公平地分享经济增长的成果。

(四) 关于政府如何解决收入不平等问题的研究

关于政府如何解决收入不平等问题的研究较多，但争议也较大，具体可分为两大类。一类观点认为经济增长可以降低收入不平等程度，从而缓解社会矛盾。由于收入不平等对少数人的影响程度要大于对多数人的影响（Shibalee Majumdar, 2009），因此，涓滴理论（trickle down theory）提出在经济增长的过程中，利益可以自动地从富有者向贫困者渗漏，贫困者的收入状况得到改善，从而与富有者共享经济增长的好处。与此相对立的另一观点则认为经济增长并不一定能够持续缩小收入差距，反而可能会使差距加大。Khosa 就通过实证分析发现经济增长未能使利益向穷人渗漏。由此可见，虽然政府着力解决收

---

① 邓小平 . 1993. 在武昌、深圳、珠海、上海等地的谈话要点 . 邓小平文选（第三卷）. 北京：人民出版社 .

入不平等问题具有亲贫的政策倾向（Hailu et al.，2009），但其效果却并不一定明显，要取得明显的成效，则需要通过适当的政策来消除收入上的不平等（Gelaw，2009），如农业发展要取得减贫效果，适当的政策和财政支持是必要的（Dzivakwi and Jacobs，2010），这就需要一个国家制定和实施有利于穷人的增长方式（马丁和陈建荣，1994）。尽管大量的文献探讨中国的收入不平等现象以及提出有利于穷人的经济增长政策，但是鲜有专门针对农村贫困人口对收入不平等反应程度的研究。而有利于穷人的增长方式需要充分考虑穷人对收入不平等现象的反应程度、穷人对不平等造成原因的看法及穷人对不平等应采取措施的看法，由此制定的政策效果将更加具有针对性。本书就是基于这种观点，从农村贫困人口视角来探讨收入不平等问题，以期扶贫政策的效果更佳。

四、研究数据

本书以较多的数据资料作为分析的基础，从而对相关问题进行了深入而详尽地分析。所用的数据主要来源于实地调查获得的第一手数据（本书使用的实地调查数据基本情况见表1-4）和权威机构的官方数据。

（一）湖北省恩施州调查数据

为了更好地设计出符合研究需要同时能够较为准确地反应农村贫困政策执行情况及农村贫困人口对收入不平等问题的看法问卷，课题组曾在正式调研之前对恩施州白杨石桥子村和白杨熊家岩村的共40位农村人口就其对收入不平等问题的看法进行了访谈，在此基础上对调查问卷进行了修改，从而形成了最终的正式调查问卷。

课题组还走访了综合试点扶贫区域——湖北省恩施州龙凤镇，获得了该镇成功的扶贫经验。

（二）湖北省英山县调查数据

在湖北省扶贫开发办公室的帮助和建议下，课题组选定了国家级扶贫开发工作重点县——湖北省英山县作为调查地，并根据研究的需要，从中选出英山县方咀乡佰仲桥村、温泉镇杨树沟村、杨柳镇河南畈村和杨柳镇尚家山村4个村庄进行了实地调查。4个村庄中，杨柳镇河南畈村于2008年实施整村推进综合开发工作，目前是新农村示范村，交通非常便利；方咀乡佰仲桥村于2011年实施整村推进综合开发工作，交通较为便利；杨柳镇尚家山村位于大山深处，交通非常不便，2011年时尚未实施整村推进综合开发工作；温泉镇杨树沟村目前尚未实施整村推进综合开发工作。

课题组进行实地调查时，在和当地村干部进行充分沟通的情况下，参照阿马蒂亚·森可行能力低下的贫困观，结合当地"一看粮，二看房，三看劳力强不强"的操作标准来确定调查对象，对所调查的村庄中在家贫困人口进行全覆盖的方式进行了实地的问卷调查。该部分调查数据资料为撰写本书的第五章"贫困地区农村人口对收入不平等的看法"和第六章"贫困地区农村人口对贫困村整村推进综合开发政策的满意度分析"奠定了良好的基础。

（三）湖北省松滋市调查数据

在湖北省松滋市扶贫办的支持下，课题组对插花贫困县（市）和革命老区——湖北省松滋市进行了实地调查。对16个乡镇90个村庄208个来自不同家庭的农村人口就农业产业化扶贫政策的效果问题进行了实地调查，调查对象中，93%的受访者享受到了农业产业化扶贫政策的帮助；对湖北省松滋市16个乡镇75个村庄241位来自不同家庭的农村人口就其对"雨露计划"转移培训扶贫政策的满意度进行了实地调查，调查对象全部是"雨露计划"转移培训扶贫政策的受惠者；对湖北省松滋市农村人口就扶贫搬迁易地开发政策进行了实地调查，受访者全部为搬迁移民，其中，90%的受访者为松滋市本地水库移民，10%的受访者为外来水库移民。

（四）研究数据

本书使用大量的数据进行实证分析，所使用的数据来源于笔者主持的研究项目的实地调查数据（表1-4）和湖北省扶贫开发办公室、湖北省英山县扶贫开发办公室、湖北省松滋市扶贫开发办公室等机构的统计数据以及世界银行、中国农村贫困监测报告、国家统计局发布的国民经济和社会发展统计公报、中国统计年鉴、农民工监测报告、湖北农村年鉴等记载的数据资料。

表 1-4　研究所用的调查数据一览表

数据名称	规模	主要内容	来源/方法	调查地点/人
预调查数据	40 户农户数据	对收入不平等问题的看法	农户调查方式	湖北省恩施州白杨石桥子村和白杨熊家岩村
贫困村整村推进综合开发政策效果的调查数据	308 户农户数据	对贫困村整村推进综合开发政策的满意度；对收入不平等的看法	农户调查和村干部访谈方式	湖北省英山县方咀乡佰仲桥村、温泉镇杨树沟村、杨柳镇河南畈村和杨柳镇尚家山村
农业产业化扶贫政策效果的调查数据	208 户农户数据	对农业产业化扶贫政策的满意度	农户调查和村干部访谈方式	湖北省松滋市 16 个乡镇 90 个村庄
"雨露计划"转移培训扶贫政策效果的调查数据	241 户农户数据	对"雨露计划"转移培训扶贫政策的满意度	农户调查和村干部访谈方式	湖北省松滋市 16 个乡镇 75 个村庄
农村人口就扶贫搬迁易地开发政策效果的调查数据	203 搬迁移民数据	对农村人口就扶贫搬迁易地开发政策的满意度	农户调查和村干部访谈方式	湖北省松滋市本地水库移民及外来水库移民
案例分析	3 地 5 案例	扶贫经验	参观访谈方式	湖北省恩施州龙凤镇、湖北省长阳土家族自治县龙舟坪镇郑家榜村、江苏省连云港市灌南县

五、研究内容、技术路线与研究结论

(一) 研究的主要内容

1. 研究的理论基础

　　本书研究首先阐述了阿马蒂亚·森的多维贫困观、罗尔斯的公正理论、埃里克·S. 赖纳特提出的作为农业产业化的理论依据以及农业经济学的相关理论。这部分分析具有两方面的重要作用：一是能够在一定程度上检验中国 21 世纪提出的贫困村整村推进综合开发政策、农业产业化扶贫政策、"雨露计划"转移培训扶贫政策和扶贫搬迁易地开发政策等扶贫政策是否科学合理。二是为规范地分析中国 21 世纪实施的贫困村整村推进综合开发政策、农业产业化扶贫政策、"雨露计划"转移培训扶贫政策和扶贫搬迁易地开发政策等扶贫政策的效果奠定科学的依据。

2. 多维贫困标准和多维贫困标准下农村的贫困现状分析

首先，分析了影响贫困地区农村人口收入满意度的因素，以此来验证收入水平高低并不是影响贫困地区农村人口对收入的满意程度高低的唯一标准，并进一步分析了将收入作为单一的标准划分贫困对象存在的问题，从而提出多维的标准来衡量农村人口贫困与否的必要性。其次，在阐述多维的贫困标准的基础上，利用多维贫困标准从教育贫困、环境贫困、消费贫困、健康贫困等多个角度对中国农村的贫困问题进行分析。

3. 农村贫困人口对收入不平等现象的看法及影响因素分析

参考"国际社会公正调查"中的相关问题，就贫困地区农村贫困人口对收入不平等现象的看法及造成收入不平等的影响因素等问题对贫困地区的农村人口进行实地调查。利用 Logistic 逐步回归分析模型对调查所获得的调查数据进行了计量分析，通过分析，找出能力和才干方面的差异、运气因素、品行差异、个人努力程度、社会上存在的偏见和歧视、机会均等的程度、体制公平的程度、学历高低程度、家庭出身好坏及个人选择是否失误 10 个因素中，哪些因素是影响收入不平等程度的显著性因素。

4. 现有扶贫政策效果的实证分析

中国社会中的"最不利者"——贫困地区的农村人口，作为扶贫开发政策的最终作用对象，他们对于扶贫政策的效果有着最为直接的感受。因此，本书利用贫困地区农村人口满意度作为衡量标准，从贫困人口的视角对扶贫政策效果进行实证分析。以贫困地区农村人口对扶贫政策的满意度作为因变量，以性别、年龄、受教育年限、有无何种信仰、是否担任村干部、认为自己的家庭收入在当地的水平、是否了解扶贫开发政策和家庭收入等指标作为影响农村人口对扶贫政策满意度的因素进行 Logistic 逐步回归分析，分别分析了贫困村整村推进综合开发政策、农业产业化扶贫政策、"雨露计划"转移培训扶贫政策和扶贫搬迁易地开发政策等扶贫政策的效果。

5. 扶贫政策效果的比较分析

分别从增加贫困地区农村人口收入、减少贫困规模和脱贫人数与参与贫困政策人数比值等方面对贫困村整村推进综合开发政策、"雨露计划"转移培训政策、农业产业化扶贫政策和扶贫搬迁易地开发政策等扶贫政策的效果进行了对比分析，了解了四种扶贫政策的优劣势，并进一步分析了扶贫政策实施效果有待提高之处。

6. 有利于贫困人口脱贫的扶贫政策改进的建议

运用福利经济学的理论，综合考虑农村贫困人口提出的政策建议，总结出更加有利于贫困人口摆脱贫困的扶贫政策改进的建议。

(二) 技术路线

对农村人口尤其是农村贫困人口参与公共政策层面研究有利于农村贫困人口发展、缩小收入差距，制定并实施利于"最不利者"的扶贫政策是本书的主线。本书运用阿马蒂亚·森的利于穷人的分配理论、罗尔斯的公正理论以及农村人口参与式发展理论等作为研究的基础，分析农村人口尤其是农村贫困人口对收入不平等现象和扶贫政策的看法，以及对收入不平等的容忍程度，从农村贫困人口视角来分析收入不平等的影响因素以及缩小收入不平等程度的政策建议。利用社会满意度标准对贫困村整村推进综合开发政策、农业产业化扶贫政策、"雨露计划"转移培训和扶贫搬迁易地开发政策等扶贫政策的效果进行分析。最后综合考虑农村贫困人口的建议，从科学发展观角度提出有利于农村贫困人口发展的扶贫政策建议。本书的具体研究思路见图 1-3。

(三) 主要的研究结论

通过研究，得出了如下基本结论和观点。

(1) 扶贫政策基本导向的正确性。中国的贫困人口多分布于广大的农村地区，而造成这种情况的很大原因与农业产品的弹性较小密切相关。具体表现为两种情况：一是农产品价格弹性缺乏；二是人们对农业产品的需求收入弹性小。在这种理论指导下，对贫困的农村地区采取的扶贫政策就要积极考虑到如何克服农业生产领域的这种客观不利情况。中国在 21 世纪实施的整村推进综合开发政策、"雨露计划"转移培训扶贫政策、农业产业化扶贫政策和扶贫搬迁易地开发政策等扶贫措施，都基本上肯定了提升就业能力、拓展就业领域对于中国贫困地区农村人口摆脱贫困具有重要的指导意义。

(2) 贫困地区农村人口认为在其生活的小环境中收入不平等程度较大。66.88% 的受访者认为应将收入差距控制在 4 倍以下，84.74% 的受访者认为应将收入差距控制在 5 倍以下，只有 6.49% 的受访者认为可以接受收入差距达到 5 倍以上。但大多数受访者认为这种不平等是由个人的能力和才干、个人努

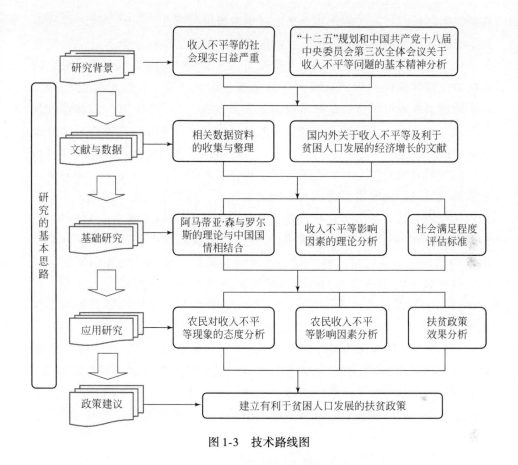

图 1-3 技术路线图

力程度和个人选择的正确性等个人绩效因素造成的，因此，这种不平等是公平的。这表明贫困地区农村人口更多地接受这种收入上的不平等，将其原因归结为自身的原因而不是怨恨社会。但本书仍建议进一步规范贫困的标准，让扶贫政策更加公平公开。

（3）利用多维贫困标准来衡量贫困。仅以收入贫困线来划分贫困人口并以此作为给予一定经济补偿的标准是不科学也不合理的。这种标准的单一性以及农村人口收入统计的困难性，导致基层工作人员在实际工作中具有一定的操作难度，并且引起了农村人口对相关政策的不满。借鉴阿马蒂亚·森的多维贫困标准，本书从教育、健康、环境等多个方面衡量中国农村贫困的现状，并以此为标准来选定贫困人口作为调查对象，从而希望能够更加客观公正地反映农村人口贫困的现实以及由此标准选定的帮扶对象更加具有针对性。

（4）对选择性贫困人口和约束性贫困人口采取不同的帮扶措施。首先要分清贫困人口贫困的原因。人们是否贫困在一定程度上取决于其内心是愿意选择贫困还是不贫困，由此需要采取区别措施进行帮扶。同时，对农村特殊贫困家庭要加大扶持力度。随着农村医疗保险和新型农村社会养老保险制度的出台，农村老年人的贫困状况有所改善，目前农村贫困群体中生活最为困难的多是身体残疾和智力障碍人员，这类贫困人口很难找到能够胜任的工作，因此基本不可能通过整村推进综合开发政策、"雨露计划"转移培训扶贫政策、农业产业化扶贫政策和扶贫搬迁易地开发政策等扶贫措施来提高收入从而脱贫致富。对于这部分贫困人口，政府需要做的就是不断完善相关政策，给予其直接的物力和财力的帮扶，确保其能够有尊严地生活。而对于选择性造成的贫困则要重视贫困人口能力的建设。通过个人能力的建设来避免和消除贫困是扶贫的根本途径，通过提高贫困人口的教育水平、身体素质、劳动技能等多种途径增强其就业能力，提高其收入水平，从而减少社会上出现的收入不平等现象，最终走共同富裕的道路，确保社会和谐发展。因此，扶贫政策的作用效果如何以及如何进一步改进以更好地发挥作用，对于解决贫困问题、收入不平等问题以及促进社会和谐发展问题都有着至关重要的作用。

（5）立足贫困地区的实际情况，制定适合当地农村经济发展的扶贫政策。逐步建立"以产业化扶贫政策为主，整体推进扶贫政策为辅，其他扶贫政策综合利用"的扶贫政策体系，实现"整体带动、个体辐射"的扶贫局面，实现广泛带动贫困户脱贫、降低贫困规模、减小贫困的深度与广度的三重扶贫效果。

（6）除此外，要确保扶贫政策的持续性，进一步建立健全农村的社会保障体系，提高农村人口进入市场的组织化程度以及大力发展新型乡镇龙头企业。

六、可能的创新

本书是在借鉴国内外相关研究的基础上，立足于贫困地区农村人口的调查数据进行分析，可能的创新点主要体现在以下几个方面。

（1）研究视角有所创新：本书以阿马蒂亚·森的利于穷人的分配理论、罗尔斯的公正理论以及农民参与式发展理论等作为研究的理论基础，从农村贫困人口的视角研究收入不平等和扶贫政策的效果问题，为真实了解农村人口尤其是农村贫困人口对扶贫政策的满意度及影响因素，同时也为提高贫困人口的收入、改善收入不平等的状况及建立更加和谐的社会提供政策参考。

（2）研究内容有所创新：主要表现在学术界从微观的贫困地区农村人口视角入手对收入不平等问题及容忍程度进行的专题研究还不多见，而本书从微观上剖析农村人口收入不平等的影响因素，从农村人口视角研究存在的收入不平等现象是否公正以及改进措施。

（3）研究方法有所创新：借鉴其他专题的分析方法，本书利用社会满意度标准对农村扶贫政策的效果进行分析，寻找影响扶贫政策的显著的影响因素，为进一步改进扶贫政策效果提供科学的理论依据。

参 考 文 献

程世勇 . 2010. 缓解当前收入差距不能仅靠社会保障. http：//www. gmw. cn/01gmrb/2010-04/13/content_ 1091981. htm［2010-04-13］.

国家统计局住户调查办公室 . 2012. 中国农村贫困监测报告 2011. 北京：中国统计出版社.

马丁，陈建荣 . 1994. 经济发达地区农业的出路. 中国农村经济，（4）：60-62.

彭森 . 2012. 关于稳价安民几个重大关系的思考. 求是，（8）：25-27.

万广华 . 2006. 经济发展与收入不均等：方法和证据. 上海：上海人民出版社.

约翰·罗尔斯 . 2001. 作为公平的正义——正义新论. 姚大志，译. 上海：上海三联书店.

张车伟，张士斌 . 2010. 中国初次收入分配格局的变动与问题——以劳动报酬占 GDP 份额为视角. 中国人口科学，（5）：24-35.

Dzivakwi R, Jacobs P T. 2010. Support for pro-poor agricultural development and rural poverty reduction in Eastern Cape. https：//core. ac. uk/download/pdf/6614489. pdf［2012-04-13］.

Fan S G, Kanbur R, Zhang X B. 2011. China's regional disparities：Experience and policy. Review of Development Finance, 1（1）：47-56.

Gelaw F. 2009. The relationship between poverty, inequality, and growth in the rural Ethiopia：Micro evidence. https：//www. researchgate. net/publication/228888880_The_Relationship_Between_Poverty_Inequality_and_Growth_in_the_Rural_Ethiopia_Micro_Evidence［2012-04-13］.

Gurr T R. 1971. Why Men Rebel. Princeton N J：Princeton University Press.

Hailu Y G, Kahsai M S, Gebremedhin T G, et al. 2009. Is income inequality endogenous in regional growth. http：//ageconsearch. umn. edu/bitstream/46320/2/SAEA% 202009% 20income % 20inequality%20Final. pdf［2012-04-13］.

Kanbur R, Zhang X. 2009. Fifty years of regional inequality in China：A journey through central planning, reforming and openness. Review of Development Economics, 9（1）：87-106.

Khosa M M. 2002. Perceptions of economic and financial conditions of households in 2000. Dev South Afr, 19：681-697.

Majumdar S, Partridge M D. 2009. Impact of economic growth on income inequality：A regional perspective. https：//www. researchgate. net/publication/46472421_Impact_of_Economic_Growth_on_Income_Inequality_A_Regional_Perspective［2012-04-13］.

Okun A M. 1975. Equality and Efficiency：The Big Tradeoff. Washington DC：The Brookings Institution.

Ranbur R, Zhang X. 2005. Fifty years of regional inequality in China: A journey through central planning, reforming and openness. Review of Development Economics, 9 (1): 87-106.

Ravallion M. 1994. Measuring social welfare with and without poverty lines. American Economic Review, 84: 359-364.

Wan G H. 2005. Rising Inequality in Post Reform China. http://www.highbeam.com/doc/1G1-155405669.html [2012-04-12].

Wan G H, Lu M, Chen Z. 2006. The inequality-growth nexus in the short-and long-run: Empirical evidence from China. Forthcoming in Journal of Comparative Economics, 34 (4): 654-667.

World Bank. 2009. China-From Poor Areas to Poor People: China's Evolving Poverty Reduction Agenda-An Assessment of Poverty and Inequality in China. http://documents.worldbank.org/curated/en/816851468219918783/pdf/473490SR0CN0P010Disclosed0041061091.pdf [2012-04-13].

第二章
理 论 基 础

　　中国收入不均等的情况日益严重，代表收入不平等的基尼系数从 1981 年的 0.310 增加到 2003 年的 0.474。和全球其他国家相比，中国的收入不平等程度处于较高的水平（World Bank，2009）。针对这一问题，早在 1992 年，邓小平在南方谈话中就强调指出，"如果富的越来越富，穷的越来越穷，两极分化就会产生，而社会主义制度就应该而且能够避免两极分化。解决的办法之一，就是先富起来的地区多交点利税，支持贫困地区的发展。当然，太早这样办也不行，现在不能削弱发达地区的活力，也不能鼓励吃'大锅饭'。什么时候突出地提出和解决这个问题，在什么基础上提出和解决这个问题，要研究。可以设想，在 20 世纪末达到小康水平的时候，就要突出地提出和解决这个问题。到那个时候，发达地区要继续发展，并通过多交利税和技术转让等方式大力支持不发达地区。不发达地区又大都是拥有丰富资源的地区，发展潜力是很大的。总之，就全国范围来说，我们一定能够逐步顺利解决沿海同内地贫富差距的问题。"之后，中国政府一直将收入分配公平问题摆在政府工作的首要位置，2003年，在全国人民代表大会和全国人民政治协商会议两次重大会议体现了对农村收入和收入不平等问题的前所未有的关注，"十二五"规划和中国共产党十八届三中全会进一步重申了这一重要问题。目前，收入不平等问题仍是中国亟待解决的关键议题。在这种背景下，深入研究收入不平等问题，提出切实可行的政策建议，无疑具有重要的理论意义和实际价值。本书从阿马蒂亚·森的多维贫困观、罗尔斯的公正理论以及农业产业发展等相关理论的介绍与分析入手，为中国贫困和收入不平等问题的进一步改善，梳理出一个值得遵循或可参照的理论依据。

一、阿马蒂亚·森的多维贫困观

　　一般认为，贫困人口之所以贫困是收入水平较低导致的，在这种思想理念的指导下，一些政府部门将收入水平作为划分人口贫困与否的标准。针对这种做法，阿马蒂亚·森提出，贫困意味着贫困人口缺少创造收入的能力和机会，从而陷入贫困。他的贫困思想对后来人们关于贫困的理解以及政策的制定产生了较大的影响。

本书借鉴阿马蒂亚·森的贫困理论来研究中国的贫困问题，这对于中国贫困理论的深化以及进一步解决贫困问题具有重要的指导意义。

(一) 对将收入作为衡量贫困标准欠妥的原因分析

将收入作为衡量贫困的标准存在着一定的缺陷。对此，阿马蒂亚·森（2009）提出，对于不同体质特征的个体，处于不同环境、不同社会条件下的个体而言，相同的收入带来的生活质量存在着一定的差异甚至是非常大的差异性，具体如下。

（1）个体的异质性。阿马蒂亚·森（2009）认为，由于人们身体的伤残、疾病情况不同，年龄、性别等个体的体质特征不同，从而人们的需要也有所不同。残疾人可能需要进行某种手术来恢复健康，老年人可能会需要更多的扶持和帮助，孕妇可能需要摄取更多的营养……因此，由于个体的异质性原因而导致人们的收入效应存在差距，如患有疾病的人需要更多的收入来治疗疾病，而没有罹患疾病的人则不需要用收入支付治疗所需要的费用；另外，即使有能力有条件得到救治，在既定水平的收入水平下，这个病人的生活质量也很难和健康的人一样享受同等的生活质量。

（2）环境的多样性。阿马蒂亚·森（2009）认为，环境条件影响到人们收入的享受程度是不同的。例如，寒冷地带的穷人有着对取暖衣着的需求，而生活在温暖地带的同样贫穷的人则没有同样的需求；一个地区流行传染病将会影响到该地区人口的生活质量。另外，污染和其他环境问题也会产生同样的效果。可见，环境条件会影响到人们生活质量的高低。

（3）社会氛围的差异。阿马蒂亚·森（2009）认为，社会条件不同，如公共教育的安排、犯罪和暴力事件、社群关系的性质等方面存在着差异，即使人们的个人收入和享有的资源相同，生活质量也会有很大的不同。

（4）人际关系的差别。阿马蒂亚·森（2009）认为，处在不同的传统和风俗的社群中的人，即便是既定的行为方式所需要的物质条件也不同，由此导致同样的收入给处于不同社群的人们提供的生活质量也不同。对此，阿马蒂亚·森举例说，富裕社区中相对贫困的人可能不能参加某些基本的社群活动，但贫穷的社群中的某些富裕成员却能成功地参加这一活动，即便前者的收入可能远远高于后者的收入。可见，处于不同人际关系中的人们，收入水平的高低并不能完全反映生活质量的好坏。

（5）家庭内部的分配。阿马蒂亚·森（2009）认为，如果家庭中一个或更多的成员所得到的收入被全家人（包括挣钱的和不挣钱的成员）共同分享，那么，家庭中这个人的福利或自由是受到整个家庭利益和目标的影响。因此，家庭内部根据性别或年龄等因素实行的分配不同，家庭成员的生活质量也会存在较大的差异。

由于上述差异性的存在，可以看出单一的收入标准很难全面而准确地反映出人们贫困的真实状况。

（二）可行能力贫困理念的提出

单一的收入标准很难准确地反映人们真实的贫困状况，并且运用单一的收入衡量标准在实地选定扶贫对象时，还遇到了一些困难。对此，阿马蒂亚·森（2009）提出，贫困不仅仅是收入低下，更是对人们基本的可行能力的剥夺这样一种新的理念，故而应该按照可行能力短缺而不是收入低下来选定扶助对象。为此，他特意解释了收入和可行能力之间的关系问题。

（1）收入和可行能力的关系受到人的年龄、性别和社会角色、所处地域、流行病滋生的环境及个人无法控制的其他各种因素的强烈影响。阿马蒂亚·森（2009）提出，在对比根据年龄、性别、居住地区等因素进行分组的不同人群的情况时，这些因素的影响显得格外重要。

（2）在收入剥夺和将收入转化为功能性活动的困难这两者之间，存在某种配对效应。阿马蒂亚·森（2009）认为，年龄较大，或残疾程度更加严重使得这部分群体将收入转化为可行能力将更加困难。因此，用可行能力剥夺程度来衡量贫困程度，可能比用单一的收入标准来衡量的贫困更加严重。阿马蒂亚·森提出，在评估旨在帮助那些收入低且具有"转化"困难的老人和其他人的公共行动时，不仅要考虑到收入低下的问题，还需要考虑将收入转化为可行能力的困难。

（3）家庭内部的分配，使得根据收入研究贫困变得更加复杂。阿马蒂亚·森（2009）认为，如果家庭收入不成比例地只用于一些家庭成员的利益，而忽略另一些成员的利益（例如，在家庭资源的分配上一贯地偏重男孩），则被忽略成员的被剥夺程度（例如家中的女孩），就难以用家庭收入来准确地加以衡量。

（4）对收入而言的相对剥夺，会带来对可行能力而言的绝对剥夺。对此，阿马蒂亚·森（2009）进一步解释，富裕国家中相对贫困的人口，即使其绝对收入相对其他国家的人口而言是较高的，也会在可行能力上处于非常不利的状态。普遍富裕国家的人们要比其他国家的人们花费更多的收入购买足够的商品，才能实现同样的社会功能性活动。

（5）收入和可行能力这两种视角的对比，直接影响在哪一空间来考察不平等与效率问题。阿马蒂亚·森（2009）对此进行举例说明，一个拥有高收入但没有政治参与机会的人，如果从收入的角度考虑他并不属于穷人的范畴，但就一种重要的自由而言是贫困的；一个人从收入角度来讲，可能比其他多数人更富裕，但却患有一种治疗费用昂贵的疾病，用收入标准衡量这个人，那他不会被列入贫穷的队伍，但其显然遭受到了一种重要的剥夺；如果一个人没有获得工作岗位，但能从国家得到"失业津贴"，那么其在收入的空间上受剥夺的程度就显得很低，比拥有一个有价值的而且受到珍视的职业机会而言的受剥夺的程度要低。

(三) 多维度选定扶助对象的标准

为了解决运用单一的收入标准来确认扶贫对象时遇到的问题，阿马蒂亚·森（2009）提出把个人收入低下的标准转为可行能力短缺的贫困标准，具体表现为过早的死亡、严重的营养不良（特别是儿童营养不足）、长期的流行疾病、大量的文盲以及其他一些失败。他提出的贫困必须是被视为基本的可行能力的剥夺，而不仅仅是收入的低下，这一理念正逐渐成为当今世界识别贫穷的通行标准，即多维度选定扶助对象的标准。主要包括：教育条件、身体条件、环境条件以及公共扶助应该如何分配等多个方面对人口的贫困状况进行分析。多维贫困标准可以尽量避免把不符合条件的人当做有资格的人给予公共扶助，从而减少把某些真正符合条件、有资格接受公共扶助的人排除在外的扭曲现象①。

二、罗尔斯的公正理论

本书对贫困地区农村人口收入不平等的相关问题进行分析，那么到底什么才是不平等呢？罗尔斯（1988）曾对此问题进行过详细的阐述，他指出不平等来源于人们在社会文化和自然天赋方面的差异，作为公平的正义关注公民整个人生的前景方面的不平等，而这些前景受到公民出身的社会阶级、自然天赋及其发展天赋的机会和他们在人生过程中的幸与不幸、好运与厄运等的影响。这些偶然性对造成人们之间收入的差距是不公平的，因此，政府应该建立起保证背景正义所必需的规则，关注这些偶然性造成的不平等，尽可能地避免这些不平等因素自动地发挥作用。对于社会上存在的收入不平等问题，罗尔斯主张

---

① 阿马蒂亚·森.2009.以自由看待发展.任赜，于真，译.北京：中国人民大学出版社.

通过改善社会中"最不利者"的处境来缩小人们之间的差别。罗尔斯的公正理论与不平等的理论观点对于本书的深入开展具有重要的理论指导作用。

(一) 罗尔斯的两个正义原则

罗尔斯（2001）提出了关于正义理论的两个基本原则。

(1) 每个人对于一种平等的基本自由完全适当体制都拥有相同的不可剥夺的权利，而这种体制与适于所有人的同样自由体制是相容的。

(2) 社会和经济的不平等应该满足两个条件：第一，它们所从属的公职和职位应该在公平的机会及平等的条件下对所有人开放；第二，它们应该有利于社会最不利成员的最大利益（差别原则）。

关于上述两个原则的理解，罗尔斯提出，第一个原则优先于第二个原则；在第二个原则中，公平机会的平等原则优先于差别原则。这种优先意味着，在使用一个原则（或针对试验样本来检验它）的时候，假定在先的原则应该被充分地满足。社会应该追求的是在一套背景制度内部发挥作用的分配原则，而这种背景制度既要确保基本的平等自由，也要确保公平的机会平等。

罗尔斯（2001）的第二个正义原则是以最不利者为对象提出来的，它要求社会的制度安排应符合最不利者的最大利益。

(二) 不平等的影响因素

罗尔斯（2001）认为作为公平的正义应关注公民生活的前景，即整个人生的前景方面的不平等，而这些前景则为三种偶然性所影响。

(1) 他们所出身的社会阶级，即他们出生并在成年之前成长于其中的阶级。

(2) 他们的自然天赋，以及他们发展这些天赋的机会，而这些机会是受他们出身的社会阶级所影响的。

(3) 他们在人生过程中的幸与不幸、好运与厄运（他们如何为疾病和事故所影响，以及如何为诸如非自愿失业和区域经济衰退时期的影响）。

罗尔斯提出，即使在秩序良好的社会里，每个人的人生前景也深受社会偶然性、自然偶然性和幸运偶然性的影响，并受基本结构（及其不平等）使用这些偶然性来满足社会需要方式的影响。如果社会忽视人生前景中产生的这些偶然性的不平等，让这些不平等自动地发挥作用，而没有能够建立起保证背景正义所必需的规则，那么人们就不会严肃地对待这种社会理念，即将社会作为自由和平等公民之间的一种公平合作体系的理念。

罗尔斯的公正理论及不平等的理论对于本书科学地界定平等及分析人们对收入不平等的看法及影响收入不平等因素的分析方面提供了理论基础。

三、农业产业化的理论依据

本书将对贫困地区如何发展才能彻底摆脱贫困的问题进行分析，因此，要对贫困地区之所以贫困的深层次原因进行剖析，分析借鉴了埃里克·S. 赖纳特的理论观点作为深入分析的基础。埃里克·S. 赖纳特（2010）在国家层面上对贫穷国和富裕国之间呈现不同经济状况的原因进行了研究，指出贫穷国和富裕国贫困差异造成的原因是占主导地位的经济活动不同，而这种不同的经济活动之所以会带来贫富差异，主要是由主导的产业是完全竞争的还是不完全竞争的类型，是呈现报酬递减还是呈现报酬递增的结果来决定。

埃里克·S. 赖纳特（2010）指出，完全竞争意味着生产者对其生产的产品的价格没有影响力，生产者面对的是一个完美的市场，并且有充分的信息让他了解到市场愿意支付的具体价格，这种产品的典型代表是农产品和矿产品市场。与完全竞争相伴而生的是报酬递减，即随着产品产出的增加，在超过一个点之后，投入更多的资本或劳动，新增产品的产出反而会越来越少。也就是说，如果将更多的拖拉机和劳动投入到相同的耕地里，在超过一定点之后，随着投入的生产要素的增加，投入单位带来的产出越来越少。

埃里克·S. 赖纳特（2010）同时指出，在制造业中生产产品，成本则随着投入的不断增加而呈现递减的变动趋势。一旦机械化的生产安排就绪，随着产出的增加，每单位产品的成本将下降。制造业和服务业都没有自然的直接投入，没有田野、矿藏或者渔场的投入，而所有这些投入，都会在质或量上对产品的生产形成制约。随着产出规模的提升，制造业的成本下降或者规模报酬递增。由于较大的市场份额将会使制造业的产出成本降低，于是产生了报酬递增，这就是不完全竞争市场。因此，对处于不完全竞争市场中的制造业公司和高级服务业来说，一个巨大的市场份额是极其重要的。

对于完全竞争、不完全竞争、报酬递减和报酬递增这四个概念，埃里克·S. 赖纳特（2010）指出，它们是相互联系的。一般而言，报酬递增总是与不完全竞争联系在一起。单位成本的下降是不完全竞争条件下市场力量的一个原因；而报酬递减则与产品差异性的困难（如麦子就是麦子，但不同汽车品牌却差别相当大）这两点结合在一起，造就了一种原材料商品生产的完全竞争。在富裕国家，其产品的出口体现了报酬递增和不完全竞争，从而产生了较好的效果带来了经济的发展，而贫穷国家的出口却体现了报酬递减和完全竞争，从而产生了不好的效果，进而导致经济贫困。

埃里克·S. 赖纳特（2010）通过研究表明，在数个世纪的时间里，"制造"一词都与技术变迁、报酬递增和不完全竞争相关联。一些国家和地区通过培育发展制造业，促进了经济的快速发展。例如，欧洲大陆和美国通过工业化得到了快速的发展，韩国和中国台湾迅速崛起等，都采取了报酬递增和不完全竞争的模式。在最近几十年时间里，更多的服务业运作也伴随着快速技术变迁和报酬递增，使制造业和服务业的区别也变得模糊起来。与此同时，大规模生产的制造业产品却出现了过去只有农业才具有的农产品的许多特征（但并不是报酬递减）。

埃里克·S. 赖纳特（2010）还指出，富裕国家的生产活动一般都展现出不完全竞争和报酬递增活动的特点，所有富裕国家都通过各种政策和法律把自己从原材料生产和报酬递减的活动中转移到制造业的方向上来。例如，在约300 年前，英国经济学家约翰·凯里一方面极力主张实行自由贸易政策，另一方面却认为应当对将原材料卖到国外的商人处以死刑。正是约翰·凯里的制造业主张，为欧洲财富的积累奠定了良好的基础。

本书认为，埃里克·S. 赖纳特关于贫穷国和富裕国之间呈现不同的经济状况的原因分析，对于贫困地区和富裕地区之间呈现不同经济状况的分析同样适用。

参 考 文 献

阿马蒂亚·森 . 2009. 以自由看待发展 . 任赜，于真，译 . 北京：中国人民大学出版社 .

埃里克·S. 赖纳特 . 2010. 富国为什么富，穷国为什么穷 . 杨虎涛，陈国涛等，译 . 北京：中国人民大学出版社 .

辛岭，王艳华 . 2008. 我国农民受教育水平与农民收入关系的实证研究 . 技术经济，（4）：63-68.

姚大志 . 2011. 罗尔斯 . 长春：长春出版社 .

约翰·罗尔斯 . 1988. 正义论 . 何怀宏，何包钢，廖申白等，译 . 北京：中国社会科学出版社 .

约翰·罗尔斯 . 2001. 作为公平的正义——正义新论 . 姚大志，译 . 上海：上海三联书店 .

World Bank. 2009. China-From Poor Areas to Poor People：China's Evolving Poverty Reduction Agenda-An Assessment of Poverty and Inequality in China. http：//documents. worldbank. org/curated/en/816851468219918783/pdf/473490SR0CN0P010Disclosed0041061091. pdf ［2012-04-13］.

第三章
农村扶贫政策与调研地区
政策实施的基本状况

随着经济的快速发展，中国政府高度重视并采取大量确实有效的扶贫措施，中国的减贫工作取得了瞩目成绩，贫困人口数量大幅度下降；但是，目前仍有一部分剩余的贫困人口尤其是农村贫困人口处于恶劣的生存环境中。中国的农村地区尤其是贫困的农村地区还存在着诸多不利于贫困人口增收从而脱贫致富的因素，影响较大的因素主要表现在以下几个方面（崔治文等，2013；傅家荣等，2007；李芳，2005；汪利虹，2007；童俊和彭必源，2009；刘兆征，2008）：

（1）人均资源短缺影响了农村人口尤其是农村贫困人口收入的增加。统计数据显示，家庭经营性收入是中国绝大部分农村地区尤其是贫困地区农村人口收入的首要来源，而种养殖业又在家庭经营收入中占据着较高的比例。2010年，扶贫重点县人均家庭总收入的53.66%来自于家庭经营收入。家庭经营对土地等自然资源有着较高的依赖性，然而长期以来，中国农村人口数量多，人均资源非常紧张，2012年，全国农村人口约96 808.58万人，农村居民家庭耕地面积仅2.34亩/人，地处环境恶劣的贫困地区人均资源数量就更为有限，极为有限的农业资源难以支撑众多的农村居民家庭经营收入从而使家庭总收入稳定快速地增长。

（2）农村人口生产组织化程度低。实行家庭联产承包责任制之后，农村居民家庭经营规模小，农业生产手段较为落后，生产组织化程度低，因此，农村人口尤其是贫困地区的农村人口在激烈的市场竞争中处于劣势，难以掌握主动权，由此形成了农村人口尤其是贫困地区分散农户的"小生产"与"大市场"之间的矛盾。由于长期处于弱势地位，农村贫困人口收入持续增加的能力有限。

（3）农村城镇化、工业化进程缓慢。近年来，中国贫困地区农村人口的收入水平不断提高，但由于工业化、城镇化进程的相对滞后，无论是和全国农村的平均情况相比，还是和非贫困地区农村的情况相比，贫困地区农村人口的收入结构还不合理，农村人口从非农产业获得的收入所占比重明显偏低。2012年，扶贫重点县在外务工人员月均收入 1270.7 元，其中，在省外从业得到的收入占 65.1%，而在本县内务工收入所得占纯收入的比例仅为 14.3%，远低于务工人员从省外获得的收入的比重。这与城镇化、工业化相对滞后有一定的关系，城镇化、工业化的相对滞后严重制约了贫困地区农村人口工资性收入的快速增长，同时也影响到了农村人口财产性收入的增值和转移性收入的增加。

（4）农村人口社会保障体系不完善。目前，中国农村人口的社会保障建设处于起步阶段，农村人口养老金额较低，失业保险在农村的覆盖率接近于零。随着工业化、城市化的建设，农村人口赖以为生的土地被征用，而土地被征用后的补偿和安置工作有待加强。

诸多因素的共同影响，导致了农村人口的收入水平较低，尤其是贫困地区农村人口的收入水平更低，不仅低于全国农村人口的平均水平，更是低于城镇居民的一般收入水平，并且增收极为困难。鉴于这种情况，长期以来，各级政府积极致力于扶贫开发工作，多举措帮助贫困人口摆脱贫困。

一、21 世纪农村的扶贫政策

为了农村贫困人口能够不断地增加收入，摆脱贫困，过上幸福的生活，自 1978 年起，中国政府就一直积极地致力于农村的扶贫工作。由于政府的高度重视以及采取的有效扶贫措施，中国的减贫工作取得了巨大成就，贫困规模大幅度下降。农村贫困人口由 1978 年的 2.5 亿人减少到 2000 年的 3000 万人，农村贫困发生率从 30.7% 下降到 3% 左右[1]；按照新的更高要求的贫困认定标准，2010 年年底农村贫困人口减少为 2688 万人，农村贫困人口占农村人口的比重也下降到 2010 年的 2.8%[2]。大幅度减贫之后，剩余的部分贫困人口所处的生存环境较为恶劣，多处于深山高寒、干旱缺水、资源匮乏、交通不便、信息不畅的中西部地区。为进一步加快贫困地区发展，促进共同富裕，《中国农村扶贫开发纲要（2011—2020 年）》指出要"以更大的决心、更强的力度、更有效的举措，打好新一轮扶贫开发攻坚战，确保全国人民共同实现全面小

① 国务院扶贫开发领导小组办公室.《中国农村扶贫开发概要》. http：//www.cpad.gov.cn/publicfiles/business/htmlfiles/FPB/fplc/201103/164355.html.

② 国务院扶贫开发领导小组办公室.《中国农村扶贫开发的新进展》（白皮书）. http：//www.cpad.gov.cn/publicfiles/business/htmlfiles/FPB/fplc/201202/174842.html.

康"。为了顺利实现"到 2020 年，稳定实现扶贫对象不愁吃、不愁穿，保障其义务教育、基本医疗和住房。贫困地区农民人均纯收入增长幅度高于全国平均水平，基本公共服务主要领域指标接近全国平均水平，扭转发展差距扩大趋势"的总体目标，进入 21 世纪，中国政府制定并实施了新的扶贫政策，即全面实施贫困村整村推进综合开发政策、"雨露计划"转移培训政策、农业产业化扶贫政策和扶贫搬迁易地开发政策等扶贫措施。为了了解新的扶贫政策的实际执行效果，本书拟结合地处中国中部的湖北省的扶贫政策实施的具体情况和有关调研数据进行分析。

(一) 贫困村整村推进综合开发政策

21 世纪中国农村贫困呈现的"大分散、小集中"的特点，需要将扶贫工作"重心下沉、进村入户"，于是，国务院扶贫开发领导小组提出将整村推进作为 2001～2010 年扶贫开发的重点工作。整村推进是为了实现贫困村 (乡) 经济、社会、生态全面发展的目标，通过实施水、电、路、气、房和环境改善"六到农家"工程，发展地方特色支柱产业等措施，改善当地的生产生活条件，增加集体经济收入，提高扶贫对象的自我发展能力，从而促进贫困农民人均纯收入增长，且增长幅度能够高于当地平均水平，发展差距扩大趋势得到扭转。

2002 年，全国共有 15 万个贫困村实施了整村推进综合开发政策，占当时全国行政村总数的近 1/4，覆盖了 80% 左右的扶贫对象。2010 年年底，全国共有 12.6 万个贫困村实施了整村推进综合开发政策，占贫困村总数的 84%[1]。

(二) 农业产业化扶贫政策

为了进一步带动贫困地区农村人口增收，《中国农村扶贫开发纲要 (2011～2020 年)》强调指出，要充分发挥贫困地区生态环境和自然资源优势，进行产业扶贫。

农业产业化扶贫政策是指以市场为导向，以经济效益为中心，围绕一个或多个相关的农副产品项目，通过扶贫龙头企业、农民专业合作社和互助资金组织等多个主体积极参与到项目中，带动和帮助贫困农户发展生产，从而带动贫困地区的农村人口实现脱贫致富的目的。

---

[1] 《中国农村扶贫开发纲要 (2011—2020 年)》。

（三）"雨露计划"转移培训扶贫政策

农村剩余劳动力顺利转移是提高贫困地区农村人口收入水平较低的重要手段。但是，目前农村劳动力尤其是贫困地区农村劳动力受教育程度和技能水平低，难以向非农产业转移，从而增收途径受阻。针对贫困地区的农村劳动力外出就业受到的制约因素，中国政府制定并实施了"雨露计划"转移培训扶贫政策，将贫困地区的农村劳动力转移培训工作作为 21 世纪扶贫开发工作的重点。

"雨露计划"转移培训扶贫政策是通过对农村剩余劳动力的技能培训，提高农村人口的技术水平和市场意识，使得贫困人口能够顺利地在非农产业顺利就业，从而提高贫困地区农村人口的收入水平，最终实现"培训转移一个人、增收脱贫一户"的目的。

（四）扶贫搬迁易地开发政策

扶贫搬迁易地开发政策旨在将生活在自然条件极端恶劣、生态环境脆弱、区域发展需要投入的成本高且难度大的地区的贫困人口，集体搬迁到生产和生活环境相对较好的地区，从而实现贫困的农村人口得以脱贫的扶贫开发模式。《中国农村扶贫开发纲要（2011—2020 年)》强调指出，扶贫搬迁工作要切实解决搬迁群众在生产生活等方面的困难和问题，确保搬得出、稳得住、能发展、可致富。

二、湖北省贫困地区的分布与贫困状况

湖北省地处中国的中部，是山区、贫困地区、库区、老区较为集中的地区。湖北全省共有 38 个山区县（市），分别位于大别山、武陵山、秦巴山和幕阜山四大山区，其中 25 个县（市）被列为国家扶贫开发工作重点县，4个县（市）被列为省级扶贫开发工作重点县（图3-1）。湖北省贫困地区分布广泛，分布的土地面积和贫困人口数分别占湖北省总数量的 2/3 和 1/3。2010 年年底，湖北省扶贫部门建档立卡的数据表明，湖北省农村扶贫对象有 589.81 万人，占乡村总人口数量的 19.5%，因此，湖北省农村扶贫开发工作的任务还非常艰巨。

为了解决农村的贫困问题，湖北省委省政府积极制定、实施多种扶贫政策

图 3-1 湖北省贫困地区分布图

资料来源：湖北省扶贫办，2011。

措施，大力帮助贫困地区人口尤其是贫困地区的农村人口摆脱贫困。在中国农村扶贫开发纲要指导下，面对省内贫困地区的特殊情况和贫困人口分布的特征，湖北省制定了符合省情的扶贫政策方案并积极实施。先后出台了湖北省农村扶贫开发"十五"、"十一五"和"十二五"规划以及《湖北省农村扶贫开发纲要（2011—2020 年)》，提出了"一体两翼（'一体'指贫困村整村推进综合开发扶贫政策，'两翼'是指农业产业化扶贫政策和'雨露计划'转移培训扶贫政策）及扶贫搬迁易地开发扶贫政策"等扶贫措施；在政策实施层面上，则针对贫困地区的特点，积极推行适合扶贫地区的扶贫政策措施，进一步帮助剩余的贫困人口脱贫致富。

（一）贫困村整村推进综合开发政策

自 2001 年开始，湖北省全面启动和实施贫困村整村推进综合开发政策，全省共认定贫困村 8614 个，占全省行政村总数的 1/3。其中，29 个扶贫开发重点县认定贫困村 6047 个，非重点县贫困村 2567 个。到 2010 年，湖北省纳入扶贫规划的 8614 个贫困村，已经全部分期分批实施了整村推进综合开发政策。为了检验整村推进综合开发政策的实施效果，湖北省对29个扶贫开发重点县的1500个整村推进的村庄进行了验收，验收的结果表明，整村推进综合开发政策的实施效果较好。1500个村的农村人口人均收入明显增加，纯收入年均增加额在300元以上，收入增加使得贫困地区的农村人口摆脱了贫困状况。贫困户由整村推进综合开发政策实施前的20.53万户减少到该政策实施后的6.27万户，贫困人口则由整村推进综合开发政策实施前的78.24万人减少到该政策实施后的23.63万人，减贫幅度达到70%，贫困发生率由实施前的35.5%下降到10.7%①。

(二) 农业产业化扶贫政策

湖北省通过发展农业产业化龙头企业、建设特色农业基地和扶持农户发展生产等多种措施，积极带动贫困地区的农村人口脱贫致富。

(1) 给予农业产业化龙头企业一定的优惠措施。为了大力促进农业产业扶贫的力度和效果，湖北省及有关市认定了一批农业产业龙头企业，并出台了扶持龙头企业发展的具体优惠措施。优惠措施之一便是金融政策。2009年，对于农业产业龙头企业，中央给予了1125万元的贴息资金，在此基础上，湖北省又安排了3000万元的贴息资金，全年共发放扶贫贷款13.7亿元，对44家农业产业化龙头企业进行了资金扶持，从而进一步带动了贫困村建设了120万亩的特色农业产业基地，受益农户40多万，使得当地农村人口人均收入增加200多元。

(2) 积极建设特色农业基地。湖北省在贫困地区积极建设农业特色生产基地，带动贫困地区的经济快速发展，一定程度上较好地解决了贫困问题。目前，湖北省贫困地区已建成了1800多万亩具有当地地域特色的农业生产基地，例如，大别山区以板栗、茶叶、中药材为主的农业生产基地，武陵山区以茶叶、烟叶、畜牧、高山蔬菜为主的农业生产基地，秦巴山区以魔芋、黄姜、柑橘、食用菌、核桃为主的农业生产基地，幕阜山区和三峡库区以柑橘、水产、畜牧、雷竹为主的农业生产基地。这些特色的农业生产基地覆盖了当地80%以上的贫困乡村和农户，从而为贫困人口脱贫致富，为当地经济的发展奠定了良好的基础。

(3) 为贫困地区的农村人口提供发展生产的金融扶持。为了增加收入，农村人口往往有进一步扩大农业经营项目的需求，然而，农村人口往往由于资金的短缺，在扩大农业家庭经营的活动时遭遇"瓶颈"，从而难以进一步发展壮

---

① 张杰. 2011. 湖北省农村扶贫开发实践与成效. 中国—东盟农村扶贫政策与实践研修班上的讲座.

大农业家庭经营项目。为了支持农村人口发展种植业和养殖业等家庭经营活动，尤其是缓解贫困地区农村人口发展生产时遇到的资金短缺的难题，湖北省对贫困的农村人口给予了积极的金融扶持，近几年，湖北省累计向贫困农户发放小额贷款13亿多元。

(三)"雨露计划"转移培训扶贫政策

针对在扶贫部门建档立卡的农村贫困户中16~45周岁的具有初中及初中以上的文化程度、身体健康且其自身有参加非农产业劳动技能培训的愿望，并希望到非农产业就业的青壮年劳动力和新增劳动力，湖北省"雨露计划"转移培训扶贫政策为其提供专业技能培训的机会。为了鼓励符合条件的农村劳动力积极参加"雨露计划"转移培训项目，并在学习期间不受经济的困扰而能够专心学习，政府部门按照一定的标准对参加培训的人员给予一定的经济补贴，一般时间为3~6个月的培训，补助标准为每人600~800元；中等职业教育培训，补助标准为每人1000~1200元。2004~2010年，为了更好地实施"雨露计划"转移培训政策，湖北省对该项目一共提供了1.88亿元财政扶贫资金的补贴。

除了对参加"雨露计划"转移培训的农村劳动力给予资金补助外，政府部门还积极为参加培训的学员解决培训完成后的就业问题。学员入学时，培训基地与参加"雨露计划"转移培训的贫困户的劳动力签订《培训就业协议书》，培训结束后，培训基地向中国东部沿海地区如长三角、珠三角等经济发达地区和大中城市，以及参加培训的贫困农户居住地所在的市、县就近推荐学员就业。据湖北省扶贫办统计数据表明，2006~2010年，湖北省共培训转移农村贫困劳动力25.82万人（表3-1），学员每年转移就业率均在95%以上，就业后平均月工资收入一般在1500元以上，年务工收入可达1.8万元以上，由此带来了"培训转移一个人、增收脱贫一户"的政策扶贫效应[①]。

表3-1　"十一五"期间湖北省"雨露计划"转移培训项目实施情况

年份	计划转移培训 /万人	实际完成 /万人	占计划 /%	安排补贴资金 /万元	人平补贴标准 /元
2006	3.2	3.7	116	1 600	500
2007	5	5.5	110	3 000	600
2008	5	5.72	114	4 000	800

年份	计划转移培训/万人	实际完成/万人	占计划/%	安排补贴资金/万元	人平补贴标准/元
2009	5	5.47	109	4 000	800
2010	5	5.43	109	5 000	1 000
合计	23.2	25.82	111	17 600	—

资料来源：数据来源自湖北省扶贫办。

(四) 扶贫搬迁易地开发政策

对于生活在自然条件极端恶劣，生态环境脆弱，发展难度大的地区的农村贫困人口，湖北省采取了扶贫搬迁易地开发扶贫措施。据湖北省扶贫办统计数据表明，2005～2010 年，湖北省贫困地区累计有 6 万多户，24 万多人进行了搬迁。

三、21 世纪湖北省实施新的扶贫开发政策取得的宏观成效

(一) 贫困地区农村居民的收入水平与年收入相对增长率不断提高

"十一五"时期，新的扶贫政策实施以来，湖北省贫困地区农村居民收入快速增长，贫困状况得到有效的缓解。据湖北省扶贫办统计，2005～2010 年，29 个扶贫开发工作重点县中，农村居民人均纯收入由 1776 元增加到 3451 元，增长幅度为 94.3%，年均增长率达 14.2%（图 3-2）。

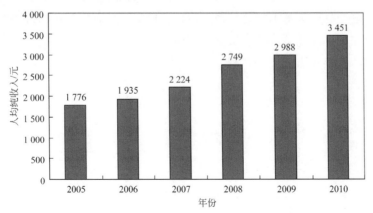

图 3-2 "十一五"时期 29 个扶贫重点县农民人均纯收入增长情况

资料来源：数据来源自湖北省扶贫办。

在收入不断增长的同时，贫困地区农村居民的年收入增长率与全省平均水平相比，也呈现增长的态势。2006 年，湖北省农村居民人均纯收入年增长率高于贫困县农村居民人均纯收入年增长率近 3 个百分点，2007 年起，扶贫重点县农村居民年人均纯收入基本上超过了全省农村居民年人均纯收入增长率，2008 年更是超过全省平均水平约 7 个百分点（图3-3）。

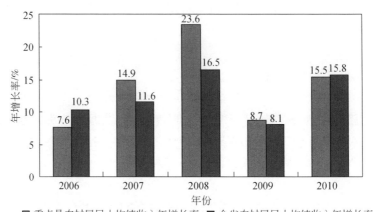

图3-3　扶贫重点县与全省农村居民人均纯收入年增长率比较

资料来源：数据来源自湖北省扶贫办。

（二）贫困地区的基础设施水平明显提高

通过实施贫困村整村推进综合开发等扶贫政策，湖北省农村贫困地区的基础设施状况有了很大的改观。到 2010 年年底，湖北省农村贫困地区基本开通了公路、电、电话等基本的公共设施建设，便于当地农村居民与外界的信息沟通与贸易往来；加强了当地农田水利设施的建设，从而使得贫困地区农村居民人均拥有基本的农田数量增加到了 0.61 亩；帮助近 60 万户贫困地区农户修建了沼气池。

（三）贫困地区的经济水平迅速提高

农业产业化等新的扶贫政策的实施带动了湖北贫困地区经济的快速发展。据湖北省扶贫开发办公室统计，2005～2010 年，湖北省 29 个重点县地区生产总值年均增长率达到 17.6%（图3-4）。

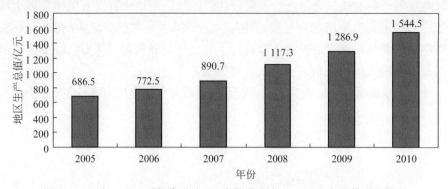

图 3-4　"十一五"时期湖北省 29 个扶贫重点县地区生产总值增长情况

资料来源：湖北省扶贫办。

（四）贫困地区的社会事业得到了快速的发展

通过"雨露计划"转移培训等扶贫政策的实施，湖北省贫困地区社会事业得到了快速的发展。在文化教育事业发展方面，基于九年义务制教育措施的实施，贫困地区青壮年文盲率大幅度下降。在基础教育加强的同时，贫困地区加强了能够提高农村劳动力农业经营能力和非农产业就业能力的技能培训，如向从事种田的农村居民传授农业的实用技术，从而提高农村居民科学种田的技能。向希望到非农产业就业的劳动力大力开展职业技能培训，有效地提高了从业劳动力的业务素质，为其顺利到非常农业就业奠定了一定的基础。在医疗卫生事业发展方面，贫困地区改造或新建了乡村卫生院（室），农村的医疗状况在一定程度上得到了改善；在文化娱乐活动建设方面，一部分贫困乡镇建起了文体综合活动站，一部分村则建起了农家书屋等文娱活动场所，提高了贫困地区农村居民业余生活的质量。

四、湖北省松滋市农村贫困的现状及扶贫政策的演变历程

政策的作用对象对政策的满意度是衡量政策效果的标准之一。鉴于中国社会中的"最不利者"[①] ——贫困地区的农村人口，其作为扶贫政策的最终作用对象，对于该政策的执行效果有着最为直接的感受，因此，了解这部分人们对

---

① 约翰·罗尔斯.2011.正义论.何怀宏，何包钢，廖申白，等译.北京：中国社会科学出版社.

扶贫政策效果的看法，对于进一步完善扶贫政策，使得扶贫政策更加有利于社会中"最不利者"有着极为重要的作用。为了深入了解扶贫政策的实施效果，课题组对湖北省松滋市的农村人口进行了实地访问和调查，从而能够更好地从贫困地区农村人口的视角来分析扶贫政策的效果。

研究将对湖北省松滋市贫困的现状及扶贫政策的演变历史进行简单的分析。

(一) 松滋市贫困的现状

松滋市位于湖北省西南部，境内地形多样，山地、丘陵、岗地、平原兼有，素有"六山一水三分田"之称。松滋市是湖北省插花贫困县（市）和革命老区，有湖北省省定扶贫开发重点乡镇 4 个，重点老区乡镇 3 个，重点插花贫困村 35 个，截至 2011 年，全市建档立卡的贫困人口 7.9 万人，占全市总人口的 8.9%。近年来，随着地方经济的快速发展和扶贫政策的积极推进，松滋市的贫困状况得到了明显的改观。

2008 年以前，中国设定绝对贫困标准和低收入标准两个标准来认定贫困群体从而进行扶贫。1986 年，两个标准的划分界限分别为人均纯收入 206 元与 865 元。2007 年年底，这两个扶贫标准分别提高到人均纯收入 785 元与 1067 元。2008 年年底，绝对贫困标准与低收入标准合并，统一为人均纯收入 1067 元。[①] 2009 年贫困线标准提高到人均纯收入 1293 元。2011 年该标准又提高到人均纯收入 2300 元。松滋市结合地方经济和社会发展的具体情况以及扶贫工作的需要，在 2008 年之后仍按绝对贫困标准和低收入标准两个扶贫标准进行认定，将人均纯收入低于低收入标准 3/4 的人口划归为绝对贫困人口，将人均纯收入低于低收入标准但高于低收入标准 3/4 的人口划归为低收入人口。

根据上述标准，2000 年松滋市绝对贫困人口和低收入人口共计 12.33 万人，2010 年降为 7.9 万人，贫困发生率由 2000 年 15.6% 降到了 2010 年 9.7%（表3-2）。其中，绝对贫困人口减少 2.9 万人，低收入人口减少 1.53 万人，共减少 4.43 万人。

表3-2　2000～2010 年湖北省松滋市贫困人口变化表

年份	绝对贫困人口		低收入人口	
	规模/万人	占全市人口比例/%	规模/万人	占全市人口比例/%
2000	8.1	10.3	4.23	5.3

① 边民.2011.贫困线新标准解读.协商论坛,(1): 42-44.

年份	绝对贫困人口		低收入人口	
	规模/万人	占全市人口比例/%	规模/万人	占全市人口比例/%
2002	7.52	9.5	4.01	5.0
2004	6.91	8.7	3.73	4.7
2006	6.51	8.2	3.40	4.3
2008	5.91	7.1	3.03	3.8
2010	5.2	6.4	2.7	3.3

资料来源：2000～2010 年的相关数据来源自湖北省松滋市扶贫开发办公室。

（二）松滋市贫困村的共同特点

松滋市有 35 个重点插花贫困村，主要集中分布在 4 个插花贫困乡镇和 3 个老区乡镇，这些贫困乡镇中的贫困村主要具有以下几个方面的特点。

1. 自然环境较为脆弱

在松滋市 4 个插花贫困乡镇中，刘家场镇和王家桥镇两个镇地处丘陵地带，卸甲坪土家族自治乡地处深山区，涴市镇地处水库分洪区。刘家场镇、王家桥镇和卸甲坪土家族自治乡 3 个山区乡镇地表水渗透严重，下雨易涝，天干易旱；几个乡镇可耕土地资源少，交通不便；涴市镇临靠长江，是典型的分洪区，洪灾频繁，自然环境脆弱。一方面，脆弱的自然环境非常不利于靠天收获的农村人口进行农业生产经营活动，较大程度上降低了农业的产出水平，造成了松滋市农村居民家庭经营收入不高的结果。另一方面，脆弱的自然环境也在一定程度上导致了松滋市农村工业发展的基础较为薄弱，造成了当地农村人口到非农产业就业困难，工资性收入较少。可见，脆弱的自然环境是导致松滋市部分地区农村人口贫困的重要原因。

2. 基础设施严重不足

松滋市贫困地区的农业生产性基础设施和农村生活性基础设施严重不足。主要表现以下几个方面。

1）农田水利基础设施不足

随着农村农业机械化水平的提高，农业生产对农田水利基础设施的要求越来越高，但贫困地区由于资金的匮乏，难以提高农田水利设施的建设水平，严重地影响了现代农业生产的发展，从而导致贫困地区的农村人口在农业生产经营过程中抵御自然灾害的能力非常有限。

2）农村生活性基础设施较为落后

一是贫困村道路尚未完全开通。松滋市大部分贫困村都未建设开通水泥公路，交通非常不便，人们外出基本上处于"路无半里平，十里不见人，出门就爬坡，运输靠背驮"的状况。二是一直未通自来水。地处深山的贫困村，山高路远，大部分农村居民家都没有通自来水，导致当地农村居民饮水十分不便。有些农村居民自家打了水井，但由于缺乏必要的净水装置，水源难以达到饮用水的标准。有些农村居民家里没有水井，不得不到山下水库取水，为此，每天花在取水上的时间需要近两个小时。三是教育与医疗设施不足。松滋市贫困村的集体经济非常薄弱，导致村里没有经济能力兴建学校与诊所用房，因此，学校与诊所不得不设在私人住宅里。同时，由于经费紧张，几乎没有新的医生与教师加入，导致人手短缺，常常出现一个老师带多个班级，医生则自己采药的现象。由于贫困，一些家庭的适龄儿童上完小学就选择辍学。由于贫困，农村居民中常常出现"生小病靠拖，生大病靠扛，再大病就等死"的现象。

农业生产性基础设施不足，严重地影响了松滋市贫困地区农业生产的效率，而农村生活性基础设施不完善，则严重地影响了农村居民的生活质量水平的提高。

3. 经济结构单一

农业仍是松滋市的贫困乡镇经济社会发展的主导产业，而第二、第三产业的发展十分缓慢，远远落后于非贫困乡镇的发展水平和发展速度，且其经济贡献所占的比例较低。第二、第三产业的生产总值占松滋市地方生产总值的比例不到30%。贫困地区农村居民收入来源过于单一，收入的绝大部分来源于种养殖业，基本处于靠天吃饭的状态，但脆弱的自然环境导致贫困地区靠天吃饭的农村居民增收非常困难。迫于生存的压力，一些贫困农村居民只能采取靠山吃山的办法，滥砍滥伐山林，由此进一步造成了本就脆弱的自然环境进一步恶化，森林植被被破坏，水土流失严重，进而导致了农业产出效率更加低下，加重了农村居民的贫困程度。

4. 人口增长较快、人口文化程度较低

在贫困地区，多生、超生的现象较为普遍。据松滋市计生局统计，1978～2011年，松滋市贫困地区人口增长速度是非贫困地区人口增长速度的1.3倍，多生、超生不仅没有让贫困家庭摆脱贫困的局面，反而给其带来了较大的经济压力，导致这些家庭的贫困程度加重。另外，贫困家庭的子女普遍难以得到良好的教育，从而直接导致了贫困地区人口文化程度偏低。

（三）松滋市贫困农户的共同特点

松滋市贫困户之间具有几个共同的特点。

1）家庭人口数量多，但劳动力数量少

2012 年，课题组成员在松滋市的贫困地区进行了一次关于"家庭贫困程度"与"劳动力/贫困家庭规模的比值"之间相关性的调查。调查结果表明，"家庭贫困程度"与"劳动力/贫困家庭规模的比值"成正比，也就是"劳动力/贫困家庭总人口数的比值"越大，家庭越富裕，"劳动力/贫困家庭总人口数的比值"越小，家庭越贫困。2012 年，松滋市扶贫开发办公室也在全市随机调查了 300 户贫困户，结果显示有 130 户贫困户家庭人口数都在 5 人以上，而且这些家庭的老人、儿童比例相对较大，劳动力数量相对较少，其中，有 80 户受调查家庭的劳动力低于两人，30 户家庭则没有劳动力，这也在一定程度上印证了课题组的调查结论。

2）家庭成员受文化教育程度偏低，务工收入不高

松滋市贫困户家庭人口平均受教育年限为 5.3 年，没有任何 1 人受教育年限在 9 年以上，受教育年限在 7~9 年的贫困人口数占总贫困人口数的 20%，受教育年限为 5~7 年的贫困人口数占总贫困人口数的 18%，受教育年限在 5 年以下的贫困人口占总贫困人口数的 62%（表 3-3）。受教育程度偏低导致了贫困人口的就业能力偏低，从而较难胜任收入较高的工作岗位，而只能从事最简单的无技术含量且收入比较低的工作，就业渠道窄，务工收入低，从而陷入贫困的境地。

表 3-3　湖北省松滋市贫困人口文化程度

受教育年限	9 年以上	7~9 年	5~7 年	5 年以下
所占比例/%	0	20	18	62

资料来源：湖北省松滋市扶贫开发办公室。

3）思想闭塞，脱贫意识不强

由于诸多因素的影响，松滋市较多的贫困人口思想较为闭塞，思想较为消极，害怕与外部社会进行接触与交流，害怕外出打工，主动脱贫的主观意识不强，缺少依靠自身力量改善生产生活条件的迫切愿望，以致长时间处于贫困的生活状态中。同时，贫困也较容易引起一些纠纷。据松滋市公安部门 2010 年统计结果显示，贫困地区所发生的矛盾纠纷比非贫困地区要高出 20%。

4）生产和生活方式较为落后

在科技日新月异的今天，一些农村贫困地区的生产条件和居民的生活条件还较为落后。

在农业生产条件方面，一般贫困户往往不会使用现代农业机械，较少采纳新的农业技术，而依旧采用传统的手工农业生产方式，农业生产效率低，农民的家庭经营收入水平难以提高。

在居民的生活条件方面，主要表现为住房、交通、获取外界信息渠道等方面的条件较为落后。在住房方面，贫困户的住房条件普遍较差，有的贫困户依然住在土坯房里，住房内设施十分简陋，没有像样的家具、电器，有的贫困家庭甚至没有通电，依旧在使用手电筒、蜡烛、煤油灯等照明工具；在交通工具方面，贫困户出行一般都是靠步行或者使用马车等交通工具，而难以有实力使用汽车、摩托车、电动车等现代交通工具出行；在获取外界信息途径方面，松滋市35个重点贫困村，计算机的普及率不到10%，移动电话的普及率不到30%，电视的普及率不到60%，很多贫困户只能通过广播、收音机等工具获取外界的信息。

5）因意外事故致贫比例较高

据2012年松滋市民政局救灾科的调查结果显示，有20%～30%的贫困家庭是因遭遇家庭成员生大病、家中失火、被盗等意外事故而致贫，有15%的贫困家庭是因遭遇了连续的意外灾害而陷入贫困的状态。

（四）松滋市扶贫政策的演变历程及取得的成效分析

1. 松滋市扶贫政策的演变历程

长期以来，松滋市政府积极制定扶贫政策，采取了多种扶贫措施来消除贫困，尤其是改革开放以后，松滋市实施了大规模的扶贫开发政策。改革开放后，松滋市的农村扶贫开发进程大致可分为四个阶段。

1）农村体制改革推动扶贫阶段（1978～1985年）

1978年，松滋市尚未进行农业生产经营体制改革，农村居民生产积极性不高，农业产出水平较低，大部分农村居民生活较困难。据统计，当时松滋市农村未解决温饱问题的贫困人口约为56万人，约占全市总人口的80%。为了充分调动农民生产积极性，消除农村大面积的贫困现象，松滋市进行了体制改革，1980年实施了家庭联产承包责任制，1982年，松滋市取消了粮食统购包销政策，逐步放开农产品价格，大力发展乡镇企业。这些举措在很大程度上调动了松滋市农村居民生产的积极性，提高了农业产出水平，增加了农民收入，极大程度地减少了当时松滋市农村贫困人口，缓解了贫困程度。据松滋市扶贫开发办公室统计，从 1978 年到 1985 年，松滋市未解决温饱的贫困人口从 56 万人减少到 32.76 万人，贫困发生率由 80% 下降到 46.8%。

2）大规模区域性开发式扶贫阶段（1986～1993 年）

农村体制改革对减少贫困人口的推动作用一直持续到了 20 世纪 80 年代中期，在此期间，随着体制机制改革的继续深入，松滋市大部分地区的经济快速发展；但是仍有部分乡镇，如刘家场镇、卸甲坪乡、王家桥镇等乡镇，由于自然环境、地理位置、历史文化等方面存在着制约其快速发展的不利因素，发展速度较其他地区缓慢，贫困程度还相当严重。20 世纪 80 年代中期，松滋市农村贫困人口基本上集中在革命老区与山区的乡镇，居住在这里的农村居民，其收入水平难以维持基本的生存需要，生产经营体制改革也未能使全部贫困人口的脱贫致富。在这一背景下，1986 年，松滋市成立了扶贫开发办公室，专门负责松滋市的扶贫开发工作。扶贫开发办公室积极实施大规模的开发式扶贫措施，并对几个极为贫困的重点乡镇进行了区域性扶贫开发，实行产业扶贫策略。经过这一阶段的努力，松滋市未解决温饱的贫困人口由 32.76 万人减少到 14.49 万人，贫困发生率也从 46.8% 下降到 20.7%。

3）扶贫攻坚解决温饱阶段（1994～2000 年）

在实施了有组织有计划的大规模区域性扶贫开发措施后，松滋市重点贫困乡镇的贫困状况得到了有效缓解。到 1993 年年底，全市农村有 6 万人未解决温饱问题。正值此时，1994 年 3 月，党中央、国务院颁布了《国家八七扶贫攻坚计划》。松滋市在该计划的指导下，结合自身实际，制定了相应的扶贫措施，取得了较好的扶贫效果。到 2000 年年底，松滋市农村没有解决温饱问题的贫困人口从 14.49 万人减少到 10.71 万人，贫困发生率从 20.7% 下降到 15.3%。

4）扶贫开发新阶段（2001～至今）

2000 年之后，松滋市经济社会的发展走上了快车道，但此时，全市还有一部分农村贫困人口有待摆脱贫困。2001 年，国务院印发了《中国农村扶贫开发纲要（2001—2010 年)》（以下简称《纲要》），该《纲要》进一步明确了新阶段扶贫开发的目标任务、方针政策和工作措施。该《纲要》提出，新阶段的扶贫开发工作要将解决温饱与巩固温饱的成果并重，以扶贫到户与促进贫困地区发展并重，以增加贫困人口收入与提高贫困人口整体素质并重。在该《纲要》的指导下，2001 年以来，为了帮助贫困人口脱贫致富，按照中央和湖北省的统一部署，结合本地农村贫困地区和贫困的农村居民的客观实际情况，松滋市制定并实施了新的扶贫开发政策，即贫困村整村推进综合开发政策、"雨露计划"转移培训政策、扶贫搬迁易地开发政策、农业产业化扶贫政策等相应的扶贫政策。

2. 松滋市实施农村扶贫开发政策取得的成效分析

自扶贫政策实施以来，松滋市扶贫工作取得了一系列良好的效果，表现在以下几个方面。

1）贫困规模大幅缩小

在实施扶贫政策之后，松滋市贫困人口的数量由改革开放初期的56万人减少至2010年的7.9万人，减少幅度超过85%，其中绝对贫困人口由改革开放初期的36.7万人下降到2010年的5.2万人，低收入贫困人口从改革开放初期的19.3万人减少到2010年的2.7万人。农村贫困发生率大幅度下降，从改革开放初期的80%降到了2010年的8.9%，减贫幅度高于全国平均水平。按照2011年国家新的贫困线2300元的标准，2012年，松滋市贫困人口总人数稍微有所上升，但上升幅度比全国平均上升幅度要低。

2）贫困地区农村居民人均收入持续增长

松滋市农村贫困人口主要集中在革命老区乡镇和插花贫困乡镇，自然环境条件较为恶劣，人们的文化教育程度较低，并缺乏一定的劳动技能，因此，难以适应社会快速发展对劳动力的需求。较长一段时期，革命老区乡镇和插花贫困乡镇的农村居民整体收入水平都低于其他非贫困乡镇。实施新的扶贫政策之后，松滋市插花贫困乡镇与革命老区乡镇的农村居民的收入水平均有了大幅度提高，2012年，松滋市贫困乡镇农村居民人均纯收入达6798元，比2000年增长了257.3%，比全国农村平均水平高出了5个百分点，重点贫困乡镇农村居民收入增长连续10年超过15%。

2012年，湖北省省定插花贫困地区——刘家场镇农村居民的人均纯收入为7526元，王家桥镇农村居民的人均纯收入为6179元，卸甲坪乡农村居民的人均纯收入为4927元，沅市镇农村居民的人均纯收入为6958元，分别比全国贫困标准线（2300元）高出5226元、3879元、2627元和4658元（图3-5）。2012年，涴水、纸厂河、陈店3个革命老区乡镇的人均收入也比周边其他县市的革命老区乡镇的人均收入要高。随着收入的不断增长，松滋市居民的恩格尔系数从1996年55.3%下降到2012年的42.3%，远远低于全国水平。

3）贫困强度和贫困深度逐渐减弱

1990年，松滋市的贫困深度指数为10.58%，比全国平均水平要高1.82倍，尤其是个别乡镇，如卸甲坪土家族自治乡贫困深度甚至达到30.8%，是全国平均水平的5.3倍。在积极地实施了扶贫政策之后，松滋市贫困地区的贫

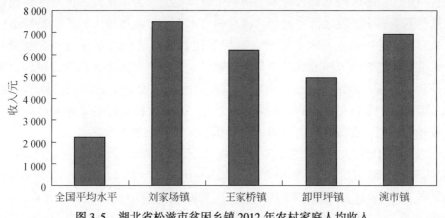

图 3-5　湖北省松滋市贫困乡镇 2012 年农村家庭人均收入

资料来源：湖北省松滋市扶贫开发办公室。

困深度大幅度下降。2009 年，松滋市的贫困深度已经与全国的平均水平基本持平，刘家场镇、王家桥镇的贫困深度还要略低于全国的平均水平。与此同时，松滋市的平均贫困强度指数在扶贫政策的作用下也大幅下降，2012 年，松滋市的贫困强度指数为 0.28%，这个强度指数已经远远低于全国平均水平。

4）贫困地区的生产和生活条件不断改进

改革开放初期，松滋市卸甲坪乡、王家桥镇等几个山区乡镇中，70% 的农户家中未能通电。20 世纪 80 年代，松滋市贫困地区公路极少，贫困人口出行基本走山路。在实施了贫困村整村推进综合开发政策、扶贫搬迁易地开发政策后，大量的扶贫资金投向了贫困地区的水、电、交通等公共基础设施的建设，在扶贫政策的帮助下，松滋市贫困地区的生产和生活条件得到了明显的改善。截至 2010 年，松滋市基本家家户户用上了电，而且效果比较理想，全市行政村基本上实现了公路村村通的目标。一系列扶贫政策的实施，基本上解决了多数贫困人口的用电难、吃水难、行路难等问题，贫困地区农村居民的生活条件得到了极大程度的改善。

与此同时，松滋市农村居民进行农业生产的条件也有较大程度的改观。截至 2010 年，松滋市已累计投入 1000 余万元用于发展油茶、花卉苗木、蜜柚等绿色产业，这些绿色产业的发展，不仅提高了贫困地区的农村居民抵御自然灾害的能力，同时也带动了其收入的增加，帮助其改进了农业生产条件。

5）贫困地区的基础教育水平与人口素质均有了提高

在贫困村整村推进综合开发政策、"雨露计划"转移培训等扶贫政策的作用下，松滋市贫困地区的基础教育水平和人口素质都有了较大程度提高。

一是贫困地区的基础教育水平得到了整体提升。为了提升贫困地区的教育质量，不断缩小农村地区和城市之间在教育水平上存在的较大差距，政府部门将教育经费的投向重点向贫困地区进行了倾斜。松滋市每年拿出教育经费的40%投入到其管辖范围内的7个贫困乡镇，大力改善贫困地区的教育硬件设施以及软件设施。2008~2012年，松滋市在贫困乡镇设立了教学点、教学站27个，配备了中专以上文化程度的教师87名，每个学校都配备了电视、电话以及校车，从而，在一定程度上提高了贫困地区的基础教育水平。

二是贫困地区人口素质整体有了提高。从受教育年限来看，贫困地区农村居民的受教育年限不断增加。2010年，松滋市贫困地区的农村居民平均受教育年限为7年，低收入的农村居民平均受教育年限为8年，分别比2000年提高了0.8年和0.6年；从接受劳动技能的培训方面来看，自"雨露计划"转移培训扶贫政策实施以来，松滋市有1000余人参与了"雨露计划"转移培训项目，该项目的实施为提升松滋市贫困地区农村居民的整体技能水平起到了较大的推动作用。

总之，松滋市扶贫政策对缓解农村地区和农村居民的贫困状况起到了非常明显的效果，但是，受以下三个主要因素的影响，出现了不可忽视的返贫情况：一是居住地的自然环境条件恶劣、基础设施抗风险能力低，若遇到灾害，农村居民的收入水平就会大幅度下降，由此导致脱贫的贫困人口极易返回贫困的状态。二是医疗保障程度较低，贫困地区的农村居民因家庭经济困难，常常身体患了疾病却无钱医治，故而造成了贫困人口只能小病靠忍，大病靠拖的情况，甚至在得了较严重的疾病或者发生意外事故后，难以进行及时的治疗，因而可能会在一段时间内或永久性丧失劳动能力，进而导致家庭收入下降，从而再次成为贫困人口。三是子女教育支出占家庭收入的比重过高。在农村家庭中，如果一个家庭有一到两个子女在学校接受教育，相对高的教育支出可能导致脱贫的家庭返贫。

五、湖北省英山县农村贫困的现状与贫困村整村推进综合开发政策的实施

为了从贫困地区农村人口的视角来了解整村推进综合开发扶贫政策的实施效果，课题组成员对湖北省英山县贫困地区的农村人口进行了实地问卷调查。

英山县位于大别山区，2011年辖区面积为1449km²，辖3乡8镇，309个行政村。全县总人口40.8万人，其中农业人口32.12万人，耕地面积17 176hm²，林地面积95 796hm²，水域面积7885hm²，素有"八山一水一分田"之称，被列为国家级扶贫开发工作重点县。2010年英山县有贫困人口62 553人，约占总人口的15.64%，其中绝对贫困人口19 247人，低收入人口43 306人，如果按照

新的贫困认定标准约有贫困人口 8.46 万人，约占总人口的 21.2%。大部分贫困人口分布在高寒边远山区等自然条件较为恶劣的地区，农村基础设施条件差。另外，英山县还有 36 个村未通公路。农村人口的贫困程度较深，整体脱贫的难度较大。

从乡村从业人员分布行业、劳务经济收入和从业人员文化程度等方面来看，英山县和所属的黄冈市和湖北省的平均水平还有一定的差距。

（一）乡村从业人员中农林牧渔业从业人员差异分析

2010 年，英山县乡村从业人员 20.02 万人，其中，48.20% 的人从事农林牧渔业，要远高于黄冈市（39.58%）和湖北省 41.78% 的水平（表3-4）。

表3-4　2010 年乡村从业人员基本情况统计　　（单位：%）

	农林牧渔业	工业	建筑业	交通运输业	仓储及邮电通讯业	信息传输计算机服务和软件	批发与零售贸易业	住宿和餐饮业	其他非农行业
英山	48.20	11.08	9.98	2.69	0.35	0.75	6.79	3.09	17.07
黄冈	39.58	14.71	12.87	2.99	0.41	0.68	4.81	2.64	21.31
湖北	41.78	16.07	10.81	3.24	0.35	0.37	5.23	2.85	19.31

资料来源：湖北农村年鉴，2010。

（二）劳务经济收入差异分析

2010 年，英山县农村劳动力中 46.84% 的人劳务经济月收入集中在 1001～2000 元的水平，月收入 1000 元以下的农村劳动力占 14.5%，要低于湖北省（20.64%）和黄冈市（25.44%）的情况；月收入 2000 元以上的劳动力占 38.66%，要高于黄冈（30.36%）和湖北省（35.12%）的情况（表3-5）。

表3-5　2010 年农村劳动力劳务经济收入情况统计　　（单位：%）

月收入	500 元以下	501～1000 元	1001～2000 元	2001～3000 元	3000 元以上
英山	0.10	14.40	46.84	28.19	10.47
黄冈	3.36	22.08	44.21	22.76	7.60
湖北	3.07	17.57	44.25	22.86	12.26

资料来源：湖北农村年鉴，2010。

(三) 农村外出劳动力文化程度差异分析

英山县农村劳动力中外出从业人员文化程度和其所属的黄冈市和湖北省相比存在着一定差距。2010 年，英山县农村外出劳动力 9.65 万人，其中，小学及以下文化程度的占 10.36%，而黄冈市农村外出劳动力中小学及以下文化程度的占 17.31%，湖北省农村外出劳动力中小学及以下文化程度的占 13.61%；英山县农村外出劳动力中初中文化程度的占 48.50%，而黄冈市农村劳动力外出务工人员中初中文化程度的人员占 57.62%，湖北省农村劳动力外出务工人员中初中文化程度的人员占 61.46%；英山县农村外出劳动力中高中及以上文化程度的占 41.14%，而黄冈市农村劳动力外出务工人员中高中文化程度的人员占 25.08%，湖北省农村劳动力外出务工人员中高中文化程度的人员则占 24.93% 的比例（表 3-6）。

表 3-6　2010 年农村劳动力外出从业人员文化程度

	合计/万人	小学及以下/%	初中/%	高中及以上/%
英山	9.65	10.36	48.50	41.14
黄冈	149.23	17.31	57.62	25.08
湖北	1 009.52	13.61	61.46	24.93

资料来源：湖北农村年鉴，2010。

为了帮助贫困地区的农村人口脱贫致富，英山县在扶贫开发工作中，通过积极实施整村推进重点村建设项目，大力加强生产生活的基础设施建设。进一步解决农业灌溉和人畜饮水问题；积极地新建、扩建和改建公路，同时加强通电、通水、通广播电视、通信等相关基础设施的建设工作；积极改造和发展农业产业基地的建设。近年来，英山县累计对 165 个重点村实施了整村推进综合开发政策。英山县扶贫办统计数据表明，在该扶贫政策的推动下，贫困村的农村居民人均纯收入从该政策实施前的 2102 元增加到政策实施后的 2485 元，增长了 383 元，增长幅度为 18.22%，与此同时，英山县的贫困发生率从 37.36% 下降到了 10.42%，下降了 26.94 个百分点。

参 考 文 献

边民.2011.贫困线新标准解读.协商论坛，(1)：42-44.

蔡红霞.2009.当前农民增收的制约因素及对策.理论前沿，(17)：35-37.

崔治文，李昊源，高雅楠.2013.甘肃省农村居民收入差距及贫困程度变动原因研究.西北人口，(5)：97-102，107.

杜志雄 . 2010-5-13. 收入是手段，福利是根本 . 中国社会科学报，008.

傅家荣，汪利虹，张林 . 2007. 中部地区农民增收：以湖北为例 . 经济社会体制比较，（2）：88-92.

李芳 . 2005. 阻碍农民收入增长的三大制度因素及其变革设想 . 财经理论与实践，（4）：93-97.

刘兆征 . 2008. 正视农民收入现状，探索农民增收途径 . 经济问题探索，（10）：31-36.

吕书奇 . 2008. 中国农村扶贫政策及成效研究 . 北京：中国农业科学院博士学位论文 .

童俊，彭必源 . 2009. 关于湖北省农民收入现状的分析 . 农业经济，（4）：64-65.

汪利虹 . 2007. 湖北省农民收入持续增长的影响因素透析 . 消费经济，（4）：50-52，57.

第四章
多维贫困标准和多维贫困标准
下农村贫困的现状

一、贫困对象选取的单一标准：收入

多年以来，中国一直采用收入作为认定贫困的标准。随着社会的进步和经济发展水平的不断提高，作为衡量贫困的收入标准也在不断提升，贫困标准线由 2000 年的人均纯收入 865 元提高到 2010 年的 1274 元。2011 年 11 月 29 日，扶贫标准线又再次被提高到了 2300 元（表 4-1）。随着各级政府及社会各界对贫困问题的日益关注，中国的贫困状况得到了很大程度的缓解，表现为贫困人口数量大幅度减少，贫困发生率大幅度下降。贫困人口从 2000 年的 9422 万人减少到 2010 年的 2688 万人，贫困发生率也由 2000 年的 10.2% 降低到 2010 年的 2.8%。按 2011 年 11 月 29 日公布的最新的人均纯收入 2300 元的贫困标准线，2011 年农村贫困人口又上升至 1.22 亿，但在各种扶贫措施的共同作用下，2013 年贫困人口减少到 8249 万人，比 2011 年减少近 4000 万人（表 4-1）。

表 4-1 农村贫困人口及贫困发生率

年份	贫困标准/元	贫困人口/万人	贫困发生率/%
2000	865	9 422	10.2
2001	872	9 030	9.8
2002	869	8 645	9.2
2003	882	8 517	9.1
2004	924	7 587	8.1
2005	944	6 432	6.8
2006	958	5 698	6.0

年份	贫困标准/元	贫困人口/万人	贫困发生率/%
2007	1 067	4 320	4.6
2008	1 196	4 007	4.2
2009	1 196	3 597	3.8
2010	1 274	2 688	2.8
2011	2 300	12 238	12.7
2012	2 300	9 899	10.2
2013	2 300	8 249	8.5

资料来源：2000～2010 年数据来源于《中国农村贫困监测报告 2011》；2011～2013 年数据来自 2011～2013 年国家统计局发布的《国民经济和社会发展统计公报》。

二、收入是影响贫困地区农村人口收入满意度的唯一因素吗？

传统经济学认为收入的提高能够为人们带来更多的商品和服务，从而可以增加人们的效用，提高人们的满意程度，因此，实现物质财富增长的最大化，在较长的一段时期一直是经济学研究的核心问题。但到了 1974 年，这种理论观点受到了经济学家的质疑（Easterlin，1974），近年来，越来越多的经济学家开始质疑 GDP 作为社会发展的唯一追求的目标问题，转而关注人们自身的幸福和快乐。各国政府也纷纷转变政策的导向，中国政府也较早意识到让人们追求幸福和快乐的责任的重要性，于是在十六届四中全会上就提出构建社会主义和谐社会的目标。而提高人们的满意度便是建设和谐社会的重要举措之一，其中，提高人们收入的满意度又属于重中之重的目标。为了进一步提高人们的满意度，创建更加和谐的社会，提出要大力增加居民收入。"十一五"时期，最低工资标准累计调整了 3.2 次，年均增长了 12.9%（苏海南，2012）。在国家提高收入政策的导向下，2011 年全国城镇居民人均可支配收入为 21 810 元，比 2010 年增加了 2701 元，增长 14.1%。剔除价格因素的影响，城镇居民人均可支配收入实际增长率为 8.4%（国家统计局，2011）。2011 年全国农村居民人均纯收入为 6977.87 元，比 2010 年增加了 1058 元，增长 17.9%。剔除价格因素的影响，实际增长率 11.4%（国家统计局，2012）。这似乎给人们传导了一个信息：收入的增加可以提高人们对收入的满意程度，从而增加幸福感。在这种假设下，关于收入的政策导向就是不断地提高全国各个行业人民的收入水平，以此提高全体人民的满意度和幸福感。那么，事实上是否如此呢？提高收入真的能够提高人们的满意度吗？为了对这个问题进行深入的了解，从而为政策的合理导向寻求科学的依据，课题组于 2011 年 12 月就收入满意问题对湖北省英山县方咀乡佰仲桥村、杨柳镇河南畈村、杨柳镇尚家山村和温泉镇杨树沟村进行了实地调查。

(一) 收入满意度介绍

Ferrer-i-Carbonell 和 Praag（2003）使用调查对象对收入是否满意这个问题的回答来衡量受访者对收入的满意程度。这种方法用 $f(y; x, q)$ 表示受访者对收入的满意度，其中，y 表示名义收入，x 表示一些客观的变量如居民的收入、受教育程度和其他一些个人的信息，q 表示待估参数。在其所作的调查问卷中关于收入满意的问题采用 GSOEP 中的方式询问，即"如果用 0 ~ 10 的数字来表示满意度，其中 0 表示绝对不满意，10 表示绝对满意，那么您对家庭收入的满意程度为____"。

本课题组认为，农村人口很难较好地用 0 ~ 10 的数字反应自己的真实想法，加之不同的调查对象对相同的评分不具有可比性，即甲、乙两人对收入满意的程度同样做了 5 分的评价后，但其对收入满意的心里感知程度却不一定是相同的，因此很难具有可比性。为了能在一定程度上解决这个问题，并且更加符合中国农村人口的认知水平，本研究在调查问卷中将该问题做了微小的变动，即将问题变为"您对目前的家庭收入满意吗？A 非常不满意；B 不满意；C 谈不上满意还是不满意；D 较满意；E 非常满意"。

对于影响收入满意度的因素，除了 Ferrer-i-Carbonell 和 Praag（2003）提出的因素外，另外一些经济学家（Festinger，1954；Easterlin，1974；Diener，1984；Diener, et al.，1993；Easterlin，2001；Van Praag & Ferrer-i-Carbonell，2007）还分别在其研究中提出收入与人们满意度之间的相关性取决于人们同周围人群财富的对比。

(二) 变量分析

1. 变量说明

本文采用 Ferrer-i-Carbonell 和 Praag（2003）所提出的收入满意度测量公式 $f(y; x, q)$，为了突出诸多影响因素对收入满意度的共同作用，这里将该公

式变形为 $Y=f(X, Q)$，公式中，Y 表示农村人口对收入的满意程度；X 为影响农村人口收入满意度因素的集合，包括调查样本的实际年龄、受教育年限、有无何种信仰、家中人口数量、家中老人数量、家中在校学生数量、家中劳动力数量、人均年收入、收入在当地水平、近五年家庭收支情况、近五年家中有无糟糕的经历、本乡镇范围内收入不平等程度、本村内收入不平等程度、亲朋间收入不平等程度及是否享受到扶贫政策支持等因素；Q 表示待估参数。关于具体的变量及变量赋值，这里整理成表4-2。

表4-2　变量名称及变量赋值表

变量名称	变量符号	变量赋值
收入满意度	Y	1＝非常不满意；2＝不满意；3＝谈不上满意或不满意；4＝较满意；5＝非常满意
年龄	$X1$	实际年龄
受教育年限	$X2$	实际受教育年限
有无宗教信仰	$X3$	1＝有宗教信仰；0＝无宗教信仰
家中人口数量	$X4$	家中实际的人口数量
家中老人数量	$X5$	家中实际的老人数量
家中在校学生数量	$X6$	家中实际的在校学生数量
家中劳动力数量	$X7$	家中实际的劳动力数量
家庭人均年收入	$X8$	1＝收入小于等于2300元；2＝收入大于2300小于等于8000元；3＝收入大于8000元
主观认为收入在当地水平	$X9$	1＝低收入水平；2＝中等收入水平；3＝高收入水平
近五年家庭收支情况	$X10$	1＝入不敷出；2＝收支持平；3＝略有积蓄；4＝大量结余
近五年家庭有无糟糕的经历	$X11$	0＝无糟糕的经历；1＝有糟糕的经历
本乡镇范围内收入不平等的程度	$X12$	1＝太大；2＝有些大；3＝正好；4＝有些小；5＝太小
本村中的收入不平等的程度	$X13$	1＝太大；2＝有些大；3＝正好；4＝有些小；5＝太小
亲朋间收入不平等的程度	$X14$	1＝太大；2＝有些大；3＝正好；4＝有些小；5＝太小
您认为是否享受到扶贫政策的帮助	$X15$	0＝没有享受到；1＝享受到

2. 数据来源

本书所使用的数据来自于课题组 2011 年 12 月对湖北省英山县方咀乡佰仲桥村、温泉镇杨树沟村、杨柳镇河南畈村和杨柳镇尚家山村 4 个村庄 308 个农户的实地调查。英山县位于大别山区，素有"八山一水一分田"之称，是国家级扶贫开发工作重点县。4个村庄中，杨柳镇河南畈村大约于2008年实施整村推进综合开发工作，目前是新农村示范村，交通非常便利。该村有不同规模的茶厂、服装加工厂等多个工厂。该村村民家庭收入主要来源于茶叶种植、加工及务工收入，村民收入水平普遍较高。方咀乡佰仲桥村大约于2011年实施整村推进综合开发工作，交通较为便利，村民主要收入来源于种茶和务工收入。该村有两个茶叶加工厂，主要收购并加工本村农民种植的茶叶。杨柳镇尚家山村位于大山深处，交通非常不便，目前尚未实施整村推进综合开发工作。村民主要收入来源是种菜、种茶及外出务工。温泉镇杨树沟村目前尚未实施整村推进综合开发工作，该村不通车，基本靠摩托车进出，农民的收入主要来源于务工收入、种植茶叶，村里没有工厂。本书调查对象村庄分布及村庄距离县城距离情况可见表4-3。

表4-3　调查村庄分布表

村庄名称	调查人数/人	距离县城距离/km
方咀乡佰仲桥村	99	7
温泉镇杨树沟村	77	7.5
杨柳镇河南畈村	50	25
杨柳镇尚家山村	82	45
合计	308	—

资料来源：根据课题组问卷调查数据整理而成。

　　课题组在深入贫困地区农村进行实地调查时，在和当地村干部进行充分沟通的情况下，参照可行能力低下的标准，按照"一看粮，二看房，三看劳力强不强"的标准来确定调查对象，对所调查的村庄中在家贫困人口采取全覆盖的方式进行了实地问卷调查，并对部分非贫困人口进行调查作为对照。按照2011年11月29日我国公布的最新国家扶贫标准线，农民人均纯收入2300元作为贫困线，据此本书将家庭人均纯收入在2300元以下的调查对象列为贫困人口，同时按照四个村庄的有关负责人介绍的其所在村庄人均收入情况进行了简单的分类，将家庭人均纯收入在2300~8000元的调查对象划为中等收入群体，将家庭人均纯收入高于8000元的调查对象划为高收入群体（表4-4）。在308个调查对象中，35.39%的受访者处于贫困线以下，50.97%的受访者为中等收入者，13.64%的受访者为高收入者。

表4-4 人均年纯收入情况统计表

收入范围	人数/人	所占比例/%
贫困 $Y \leq 2300$	109	35.39
中等收入 $2300 < Y \leq 8000$	157	50.97
高收入 $8000 < Y$	42	13.64
合计	308	100.00

资料来源：根据课题组问卷调查数据整理而成。

(三) 计量分析

本书以 Y 为因变量，$X1 \sim X15$ 为自变量进行 SAS logistic 逐步回归分析。结果在90%显著水平的情况下进入模型之中的变量依次是 $X10$、$X11$、$X2$、$X8$、$X5$、$X15$ 和 $X1$（表4-5），而其他变量并不显著，故未能引入方程。

表4-5 变量逐步筛选过程分析

Step	Entered Effect	DF	Score Chi-Square	Pr>ChiSq
1	$X10$	1	49.9029	<0.0001
2	$X11$	1	11.1166	0.0009
3	$X2$	1	10.043	0.0015
4	$X8$	1	7.539	0.006
5	$X5$	1	6.5969	0.0102
6	$X15$	1	4.5068	0.0338
7	$X1$	1	3.1356	0.0766

通过进行最大似然估计，得到参数检验的结果（表4-6）和参数的 OR 值结果（表4-7）。由最大似然估计分析结果可以看出，自变量 $X2(p = 0.0005)$、$X8(p = 0.0023)$、$X10(p < 0.001)$、$X11(p < 0.001)$、$X15(p = 0.0377)$ 的回归系数在统计意义上有显著性差异，变量 $X1(p = 0.0796)$、$X5(p = 0.0656)$ 的回归系数在统计意义上有边缘性显著差异（表4-5）。

表 4-6　最大似然估计

Parameter	DF	Estimate	Standard Error	Chi-Square	Pr>ChiSq
Intercept	1	−8.611 2	0.919 1	87.784 6	<0.000 1
Intercept2	1	−5.283 7	0.779	46.008 3	<0.000 1
Intercept3	1	−3.718	0.749	24.639 6	<0.000 1
Intercept4	1	−0.236 8	0.76	0.097	0.755 4
$X1$	1	0.016 8	0.009 6	3.073 6	0.079 6
$X2$	1	0.125 3	0.035 9	12.218 5	0.000 5
$X5$	1	0.257 7	0.14	3.389 6	0.065 6
$X8$	1	0.607 6	0.199 1	9.313 1	0.002 3
$X10$	1	0.733 4	0.18	16.604 1	<0.000 1
$X11$	1	−0.981 6	0.247 2	15.765 1	<0.000 1
$X15$	1	0.477 2	0.229 6	4.320 4	0.037 7

通过进行 OR 分析，得到表 4-7。由表 4-7 可以看出，受访者的年龄、受教育年限长短、家中老人数量、家庭人均年收入、近五年家庭收支情况、是否享受到扶贫政策等因素对扶贫政策的满意度均有显著的正向影响，而是否遇到糟糕的经历则对收入满意度有着较强的负面作用。

表 4-7　OR 分析

Effect	Point Estimate	95% Wald	Confidence Limits
$X1$	1.017	0.998	1.036
$X2$	1.134	1.057	1.216
$X5$	1.294	0.983	1.703
$X8$	1.836	1.243	2.712
$X10$	2.082	1.463	2.963
$X11$	0.375	0.231	0.608
$X15$	1.612	1.028	2.527

1）年龄

国际研究的趋势相表明，人们的满意度和年龄的增长之间呈现 U 型关系（Salinas-Jime'nez, et al., 2010；Pereira and Coelho, 2013；Salinas-Jime'nez, et al., 2013），较之于中年人对收入的满意程度，老年人的收入满意程度较高，本书结论与国际研究趋势稍有不同。总体而言，贫困地区农村人口收入满意度最高的影响因素是调查对象的年龄，其 OR 值为 1.017，表明消除其他因素的影响后年龄每增加一岁，调查对象对收入的满意度就提高到原来的 1.017 倍。但按不同年龄阶段来具体分析，30～49 岁年龄段受访者对收入满意度最高，可能的原因是贫困地区农村人口的收入来源主要依靠体力劳动和劳动经验获得，这一年龄阶段的受访者较之于老年人口而言年轻力壮，较之于低年龄段人口而言富有劳动经验，因此，较易获得相对高的收入。50～59岁年龄段的受访者对收入的满意程度最低，可能的原因是相对于年轻人，其体力下降，难以付出较强度的体力劳动，从而较难获取相对高的收入，而相对于60岁以上的老年人，自己还没有达到获得养老补助金的阶段，因而其收入满意度也比享受到养老金的受访者要低（表4-8）。

表4-8 不同年龄段贫困地区农村人口收入满意度情况

年龄阶段	满意程度/%		
	满意	谈不上满意还是不满意	不满意
29岁及以下	27.27	36.36	36.36
30～49岁	30.16	27.78	42.06
50～59岁	26.25	27.5	46.25
60岁及以上	27.50	31.25	41.25

资料来源：根据课题组问卷调查数据整理而成。

2）受教育年限长短

该调查结果表明人们，人们受教育年限越长，其表现出的满意度越高，这一结果和其他学者研究的趋势相吻合（Salinas-Jime'nez, et al.，2010；Pereira and Coelho，2013；Salinas-Jime'nez, et al.，2013；Kapteyn, et al.，2008；Bonsang and Soest，2012），这表明教育程度较高的个体比文化程度低的个体对收入状况更为满意。教育对收入满意度有正向影响。受教育年限的OR值为1.134，表明消除其他因素的影响后受教育时间每增加一年，调查对象对收入的满意度就提高到原来的1.134倍。对此一个可能的解释是受教育年限长的个体更容易掌握适应市场需求的种养殖技术，或者外出务工容易找到满意而稳定的工作，从而增收能力较强。

3）家中老人数量

家中老人数量的OR值为1.294，表明消除其他因素的影响后，家中老年人每增加一人，满意度变为原来的1.294倍。这在一定程度上说明养老金制度对农村人口收入满意度的提高有着积极的作用。

4）家庭年人均收入

本书结果和国际研究趋势相一致，同样显示出人们的满意度随着收入的增长而增长（Salinas-Jime'nez, et al.，2010；Pereira and Coelho，2013；Liu and Guo，2008；Sengupta, et al.，2012）。在本书分析中，家庭人均年收入的OR

值为 1.836，表明消除其他因素的影响后，随着收入水平的提高，贫困人口会脱离贫困，成为中等收入者，中等收入者则会成为高收入者，这种收入水平的提升会使其收入满意度提高到原来的 1.836 倍。

在调查中，当问及对目前的收入是否满意时，308 个调查对象中，2.26% 的受访者表示"非常满意"，25.81% 的受访者表示"较满意"，如果将"非常满意"和"较满意"都视为满意的话，则有 28.07% 的调查对象表示对他们的收入状况满意；39.03% 的受访者则表示"不满意"，3.87% 的受访者表示"非常不满意"，如果将"不满意"和"非常不满意"都视为不满意的话，则有 42.90% 的调查对象对其目前的收入水平不满意；除此外，尚有 29.03% 的调查对象对目前的收入状况是一种说不上满意还是不满意的态度（表 4-9）。

表 4-9　全部调查对象收入满意情况统计表

收入满意情况	人数/人	所占比例/%
非常满意	7	2.26
较满意	80	25.81
谈不上满意还是不满意	90	29.03
不满意	120	39.03
非常不满意	11	3.87
合计	308	100.00

资料来源：根据课题组问卷调查数据整理而成。

为了进一步了解不同收入水平的人口对收入的满意程度，本书采用单因素不等重复试验的方差分析方法对高收入受访者、中等收入受访者和贫困人口 3 个不同收入群体的收入满意度进行了方差分析，分析结果见方差分析表（表 4-10）。表 4-10 中，$Pr<0.0001$，故可知 3 个不同收入群体的收入满意度之间存在着较大的差异，即高收入农户、中等收入农户和贫困农户对收入满意度明显不同。

表 4-10　方差分析表

变异来源	DF	Sum of Squares	Mean Square	F Value	Pr>F
处理间	2	22.029 5	11.014 8	17.71	<0.000 1
误差	305	189.684 78	0.622 0		
总变异	307	211.714 3			

那么，在三个不同收入群体中，是有两个收入群体之间存在显著的差异，还是彼此两两之间都存在着显著性的差异呢？为了解决这一问题，则进行了组间差异分析和两两总体间差异分析，分析结果见表 4-11 和表 4-12。从分析结果可以看出，高收入的受访者、中等收入的受访者和贫困人口三个不同收入群

体的收入满意度存在着显著的差异。

表4-11 组间差异分析表

Waller Grouping	Mean	N	Group
A	2. 476 2	42	3
B	1. 853 5	157	2
C	1. 623 9	109	1

表4-12 两两总体间差异分析表

a Comparison	Difference Between Means	95% Confidence Limits		
3-2	0. 622 7	0. 353 1	0. 892 3	***
3-1	0. 852 3	0. 570 5	1. 134 2	***
2-3	−0. 622 7	−0. 892 3	−0. 353 1	***
2-1	0. 229 7	0. 036 2	0. 423 1	***
1-3	−0. 852 34	−1. 134 2	−0. 570 5	***
1-2	−0. 229 7	−0. 423 1	−0. 036 2	***

***表示显著水平0.05。

　　在实地调查获得的数据中，可以看出高收入的受访者、中等收入的受访者和贫困人口三个群体之间，在收入的满意度方面存在着具体的差异。将受访者对收入满意程度"非常满意"和"较满意"都视为满意，将"不满意"和"非常不满意"都视为不满意来分别考虑三个群体的满意程度，贫困人口这一群体对收入的满意程度最低，不满意程度最高，仅有19.27%受访的贫困农村人口对收入状况表示满意，而有56.88%受访的贫困农村人口对收入状况表示不满意；中等收入群体对收入的满意度和不满意度在三个群体中都居中，24.20%受访的中等收入农村人口对收入状况表示满意，38.86%受访的中等收入农村人口对收入状况表示不满意；高收入群体对收入状况的满意度最高，不满意的程度最低，66.66%受访的高收入农村人口对收入状况表示满意，19.05%受访的高收入农村人口对收入状况表示不满意（图4-1～图4-3）。

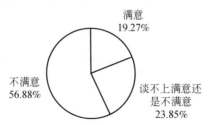

图4-1 贫困人口收入满意情况统计图
资料来源：根据课题组问卷调查数据整理而成。

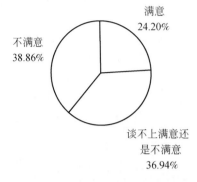

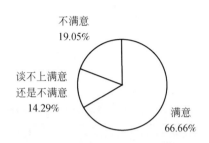

图 4-2　中等收入人口对收入满意　　　　图 4-3　高收入人口对收入满意
　　　　情况统计图　　　　　　　　　　　　　　情况统计图

资料来源：根据课题组问卷调查数据整理而成。　　资料来源：根据课题组问卷调查数据整理而成。

　　由以上分析可以看出，不同收入群体对收入的满意度存在着显著差异，其中，贫困的农村人口对收入满意度最低，对收入不满意程度最高，而高收入的农村人口对收入的满意度最高，对收入不满意的程度最低，这在一定程度上证明了中国高度重视贫困问题并积极采取措施解决贫困问题的正确性。目前，为了提高贫困群体的满意度，当务之急是进一步消除贫困，帮助贫困人口尽快摆脱贫困，更好地促进社会的和谐发展。

　　5）近五年家庭收支情况

　　近五年家庭收支情况的 OR 值为 2.082，表明消除其他因素的影响后，五年内家庭的收支每上升一个档次，农村人口对收入的满意度提高到原来的 2.082 倍。

　　6）近五年家庭有无糟糕的经历

　　相对于近五年家里有人生病花费较多、有过财产损失、支付不起学费而辍学、借钱应付生活费等遭遇的农村人口而言，家庭没有遭遇过糟糕的经历的农村人口对收入的满意度较高，其对收入的满意程度是有过糟糕经历的人口的 2.667 倍。受访的 308 位农村人口中，123 位人口在近五年有过糟糕的经历，其对收入的满意度为 13.01%，远低于没有遇到糟糕经历的农村人口 38.38% 的满意度水平，其对收入的不满意程度达到 56.91%，高于没有遇到糟糕经历的农村人口 32.97% 的不满意度水平（表 4-13），可见，遭遇到糟糕的经历对农村人口收入的满意度有着较强的负面作用。

表 4-13   近五年有无糟糕的经历与对政策的满意度的看法情况

有无糟糕的经历	满意程度/%		
	满意	谈不上满意还是不满意	不满意
有	13.01	30.08	56.91
无	38.38	28.65	32.97

资料来源：根据课题组问卷调查数据整理而成。

7）是否享受到扶贫政策

是否享受到扶贫政策变量的 OR 值为 1.612，表明消除其他因素的影响后，享受到扶贫政策的农村人口对收入的满意度是没有享受到相关扶贫政策的农村人口的 1.612 倍。

而其他变量如有无宗教信仰、家中人口数量、家中在校学生数量、家中劳动力数量、主观认为收入在当地的水平以及和周围人群的收入对比在本书中没有对农村人口的收入满意度表现出显著性的影响。

（四）结论

由上述分析可以得出，收入对贫困地区农村人口的收入满意程度的高低具有非常显著的影响，但并不是影响其收入满意度高低的唯一因素，其他如年龄、受教育年限长短、家中老人数量、近年家庭收支情况、家庭近年来有无糟糕的经历以及家庭是否享受到扶贫政策的支持等都是影响农村人口收入满意度的重要因素。由此可以看出，单一的收入标准并不能很好地反映出农村人口对收入的满意度，因此，如果仅仅将收入作为衡量农村人口贫困与否的唯一标准，并不能科学地反映出农村人口切身感受到的真正贫困，反而可能引起农村人口的不满。

三、收入标准认定扶贫对象引起的问题

收入水平高低不是影响农村人口收入满意度高低的唯一因素，同样，将收入作为衡量贫困的唯一标准运用到实践中也存在着一些问题，尤其是在该标准与选定扶贫补贴对象密切相关时更是遇到了难以克服的困难。

（一）收入贫困和主观认知贫困的不一致性

根据对湖北省英山县 4 个村庄的调查表明，人们实际收入水平的高低和人们心理感受的收入水平高低之间并不完全一致。按照 2011 年 11 月 29 日我国公布的最新国家扶贫标准线，即农民人均纯收入2300元为贫困线，本书将家庭人均纯收入在2300元以下的调查对象列为贫困人口，同时按照4个村庄的有关负责人介绍的其所在村庄人均收入情况进行分类，将家庭人均纯收入在2300~8000元的调查对象划为中等收入群体，将家庭人均纯收入高于8000元的调查对象划为高收入群体。按照这种划分标准，在308个调查对象中，35.39%的受访者处于贫困线以下，50.97%的受访者为中等收入者，13.64%的受访者为高收入者（表4-4）。

然而，被访者的主观收入水平高低与实际收入水平高低却出现了不一致性。对被访者的主观收入水平的调查结果表明，45.78%的受访者认为收入水平在当地处于贫困线以下，50.00%的受访者认为收入水平在当地处于中等收入水平，仅4.22%的受访者认为收入水平在当地处于高收入水平（表4-14）。将表4-4和表4-14的数据进行比较分析，可以发现实际收入贫困和人们的主观贫困情况并不是完全一致的。按贫困标准线划分，35.39%的受访者属于贫困人口，而受访者认为自身属于贫困人口的却占了45.78%；受访者按实际收入水平应属于高收入的人口占13.64%，但仅有4.22%的受访者主观上认为自己属于高收入者；受访者按实际收入水平应属于中等收入的人口占50.97%，主观上有50%的受访者认为自己属于中等收入者。

收入平等目标下的农村扶贫政策研究

64

表4-14　调查样本主观收入水平高低

自认为收入在当地的水平	人数/人	所占比例/%
中等收入	154	50.00
高收入	13	4.22
贫困者	141	45.78
合计	308	100.00

资料来源：根据课题组问卷调查数据整理而成。

进一步分析实际收入水平分别属于贫困人口、中等收入者和高收入的受访者的主观收入情况。在按实际收入标准应被划分为贫困人口的群体中，71.56%的受访者认为收入水平在当地处于贫困线以下，27.52%的受访者认为收入水平在当地处于中等收入水平，0.92%的受访者认为收入水平在当地处于高收入水平（表4-15）；按收入标准应被划分为中等收入人口的群体中，36.94%的受访者认为收入水平在当地处于贫困线以下，62.42%的受访者认为收入水平在当地处于中等收入水平，0.64%的受访者认为收入水平在当地处于高收入水平（表4-16）；按收入标准应被划分为高收入人口的群体中，11.90%的受访者自认为收入水平在当地处于贫困线以下，61.90%的受访者自认为收入水平在当地处于中等收入水平，26.19%的受访者认为收入水平在当地处于高收入水平（表4-17）。

表 4-15　贫困人口主观收入水平高低

自认为收入在当地的水平	人数/人	所占比例/%
中等收入	30	27.52
高收入	1	0.92
贫困者	78	71.56
合计	109	100.00

资料来源：根据课题组问卷调查数据整理而成。

表 4-16　中等收入人口主观收入水平认知

自认为收入在当地的水平	人数/人	所占比例/%
中等收入	98	62.42
高收入	1	0.64
贫困者	58	36.94
合计	157	100.00

资料来源：根据课题组问卷调查数据整理而成。

表 4-17　高收入人口主观收入水平认知

自认为收入在当地的水平	人数/人	所占比例/%
中等收入	26	61.90
高收入	11	26.19
贫困者	5	11.90
合计	42	100.00

资料来源：根据课题组问卷调查数据整理而成。

综合以上分析可以得出，在按照实际收入标准归入贫困人口的受访者群体中，10.06%的受访者认为自己并不贫困，只有 25.32%的贫困受访者认为自己属于贫困人口；在按照实际收入标准并不属于贫困人口的受访者群体中，44.16%的受访者认为自己并不贫困，但仍有 20.45%的贫困受访者认为自己属于贫困人口（表 4-18）。

表 4-18　实际收入情况与主观认知收入情况　　　（单位:%）

主观收入认知	实际收入情况	
	贫困	不贫困
贫困	25.32	20.45
不贫困	10.06	44.16

资料来源：根据课题组问卷调查数据整理而成。

因此，按单一的收入标准划分贫困，会出现实际收入贫困与人们主观感觉贫困之间的不一致，而主观感受在一定程度上影响着贫困人口对扶贫政策的满意度。

(二) 容易引发贫困地区农村人口的不满心理

在将收入作为选定贫困人口的唯一标准时，人们的实际收入贫困和主观贫困两者之间出现不一致，在凭借收入选出的贫困人口会享受到补贴发放等福利时，这种不一致性往往会引发部分人口的不满情绪，尤其是未被确定为贫困人口的群众。课题组曾于2011年12月深入到国家级扶贫开发工作重点县——湖北省英山县4个村庄对308位农户进行实地调查，其中，13.64%的受访者明确提出贫困人口的确定和扶贫补贴的发放要体现公平，而这部分原因就在于认定贫困的标准单一，可能出现将部分家庭因成员因疾病等因素造成支出过高而排除在外的情况。

(三) 基层选定扶贫对象的工作难度较大

阿马蒂亚·森（2009）曾指出按人们的收入水平低下的标准来选定扶助对象的做法有可能导致信息扭曲的后果，如一个农民家庭人均收入相对较高，但由于家中有成员身体残疾、年龄较长等不利因素的影响，该家庭相对于一个收入较低，但家庭成员身体健康、年龄较轻的农民家庭而言，更有可能出现营养不良、有病不治、有学不能上这样的糟糕后果。因此，单一的收入划分贫困的标准会引起质疑并在实际的工作中有一定程度的操作难度。湖北省郧西县工作人员就遇到了这一问题[①]，"2300元的扶贫标准是有了，建档立卡到底把哪些人框进去，叫我们不好办。几天来，不少老百姓找我们村干部扯皮，硬要定为贫困户，这项工作要真正办好真的不容易。"

(四) 可能伤害扶贫对象的自尊

由于扶贫对象的确定与扶贫补贴密切相关，因此，扶贫对象的选取引起了农村人口的高度关注。为了更有针对性地选取扶贫对象，确保扶贫对象选举过

① 郧西县扶贫开发办公室．2012．深化精细化管理，提升扶贫开发绩效．2012湖北发展论坛，9：158-162.

程能够做到"公开、公平、公正"，有些地方①按照"一评三核四公示"的基本操作程序，对扶贫对象的选定进行严格把关。即村民民主评议小组评议表决结果，经过村委核查、乡镇审核、区县审批之后分别对村民小组群众评议推荐结果、村民民主评议小组评议表决结果、乡镇审核结果以及区县审批结果分别进行为期 3 ~ 5 天以上的公示，公示期满后，再将无异议的审核名单进入下一轮程序，有异议的再次进行调查核实并公示，通过一系列操作程序来确定贫困对象。这种做法确保最大限度地做到了公开、透明、公正；但是，却极有可能给被扶持者打上身份的烙印，有可能伤害扶贫对象的自尊②。而自尊"也许是最重要的基本善"，作为公平的正义总是给予自尊比给予别的原则更多的支持③。

四、多维的贫困标准

针对单一的收入衡量标准来选定扶贫对象中存在的种种问题，阿马蒂亚·森（2009）提出把注意力从个人收入低下转移到可行能力短缺的贫困标准，即多维度选定扶助对象的标准，主要包括以下几个方面。

（1）教育的差异。人们通常不会只单纯地从策略的角度出发，而故意不去上学。理性和选择的优先顺序通常使人们不愿意故意扩大这些基本的剥夺状况。因此，一般来说，有学不上的原因往往是由贫困造成的。

（2）身体的差异。身体有疾病的人比身体健康的人需要更多的收入来治病，而且，即使得到医药治疗，同等的收入水平给病人带来的生活质量也可能低于健康的人享受到的生活质量。

（3）环境条件的差异。诸如气候条件（温度范围、降雨量、洪水等），可以影响一个人从一定水平的收入中所能得到的享受。例如，寒冷地带的穷人对取暖衣着的需求会降低其效用水平；传染病在一个地区的流行也会降低该地区居民的生活质量；污染和其他环境问题也具有同样的问题。

在阿马蒂亚·森之后，Cohen（2010）也阐述了多维度贫困评估工具（MPAT）的衡量贫困方面的六个要素，即食品与营养保障（家庭获得充足的有营养的食品的稳定性和可获得性），家庭用水保障（家中饮用水、淋浴用水、洗衣用水的质量与供给的稳定情况以及家庭可获得性），健康状况与健康

---

①　十堰市茅箭区扶贫开发办公室 . 2012. 关于两项制度有效衔接试点工作的实践与思考 . 2012 湖北发展论坛，9：143-147.

②　阿马蒂亚·森 . 2009. 以自由看待发展 . 任赜，于真，译 . 北京：中国人民大学出版社 .

③　约翰·罗尔斯 . 2011. 正义论 . 何怀宏，何包钢，廖申白，等译 . 北京：中国社会科学出版社 .

护理（区域的健康状况，人们健康护理的可获得性以及护理的质量），环境卫生与个人卫生（家庭卫生如厕所设施状况，废弃物管理及个人卫生习惯），住房、衣着与能源（住房质量，充足的衣着和能源的可获得性），教育（初级义务教育的质量和可获得性）。

五、多维贫困标准下中国农村贫困现状

按照阿马蒂亚·森提出的可行能力标准以及 MPAT 的衡量贫困标准，本书将从教育贫困、环境贫困、消费贫困、健康贫困等多个角度对中国农村的贫困现状进行分析。

（一）教育贫困问题

贫困地区农村人口受教育水平相对较低，这主要从两个方面体现出来，一是义务教育阶段儿童失学情况，二是农村劳动力受教育程度。正常受教育程度低的农村人口收入水平也相对较低①。

1. 农村义务教育

7～15 岁是按正常年龄入学的儿童应该接受 9 年义务教育的年龄段，这一阶段的学习对提高未来劳动者的素质、提高劳动者的就业能力、增加劳动者的收入水平均有着极为积极的促进作用。

为了提高劳动者的素质水平和就业水平，中国在 20 世纪 80 年代通过了《中华人民共和国义务教育法》，自此开始施行 9 年义务教育，此举措大幅度地提高了学龄段儿童的入学率，降低了失学儿童的比率，贫困地区教育状况也得到了极大程度的改善。扶贫重点县 7～12 岁和 13～15 岁儿童失学率分别由2002 年 5.1% 和 17.0% 降到了 2010 年的 1.7% 和 3.3%（表 4-19）。但该比例和全国同龄儿童受教育的比率还存在着一定的差距，2010 年，全国小学学龄入学率已达 99.7%，比扶贫重点县同龄儿童高 1 个百分点（表 4-20）。

表 4-19 扶贫重点县义务教育阶段儿童失学率

年份	7～12 岁儿童失学率/%	13～15 岁儿童失学率/%
2002	5.1	14.6

① 辛岭，王艳华．2008．我国农民受教育水平与农民收入关系的实证研究．技术经济，(04)：63-68.

年份	7～12岁儿童失学率/%	13～15岁儿童失学率/%
2003	4.8	11.6
2004	4.2	9.3
2005	3.1	8.3
2006	3.0	7.1
2007	2.3	5.6
2008	2.1	4.3
2009	1.8	3.8
2010	1.7	3.2

资料来源：中国农村贫困监测报告2011。

表4-20　全国小学学龄儿童入学率

年份	入学率/%
2002	98.6
2003	98.7
2004	98.9
2005	99.2
2006	99.3
2007	99.5
2008	99.5
2009	99.4
2010	99.7

注：入学率是按各地不同入学年龄和学制分别计算的。
资料来源：《中国统计年鉴2011》。

扶贫重点县的儿童失学的原因多种多样，其中，家庭经济困难、自己不愿意上学、家中缺少劳动力等是其不上学的主要原因。近年来因家庭经济困难而失学的儿童比例大幅度下降，由2002年的48.6%降到了2010年的15.6%，这在一定程度上表明了义务教育措施的有效性；因儿童本身不愿意上学而导致失学比例有明显上升，由2002年的26.1%上升到了2010年34.7%；由于家中缺少劳动力而致儿童失学的比例有所提高，由2002年的3.2%提高到了2010年6.2%。总体而言，2010年，由于家庭原因致儿童失学的比例仍然高达21.8%（表4-21）。

表 4-21　扶贫重点县义务教育阶段儿童失学原因

年份	家庭经济困难/%	自己不愿意上学/%	家中缺少劳动力/%	其他/%
2002	48.6	26.1	3.2	22.1
2003	44.1	27.9	4.6	23.4
2004	42.3	27.8	4.2	25.7
2005	37.4	32.5	4.1	26.0
2006	27.4	32.5	4.9	35.2
2007	24.4	32.5	4.8	38.3
2008	19.0	33.0	4.2	43.8
2009	17.2	35.6	4.6	42.6
2010	15.6	34.7	6.2	43.5

资料来源:《中国农村贫困监测报告 2011》。

2. 劳动力的文化程度

近年来,扶贫重点县劳动力的文化程度有所提高,文盲、半文盲的比例由 2002 年的 15.3% 减少到 2010 年 10.3%;小学文化程度的比例由 2002 年的 37.8% 减少到 2010 年 32.1%;初中文化程度的比例则由 2002 年的 38.8% 增加到 2010 年的 45.8%;高中文化程度的比例由 2002 年的 6.4% 增加到 2010 年的 8.5%;中专及以上文化程度的比例则由 2002 年的 1.6% 增加到 2010 年的 3.3%(表4-22)。

表 4-22　扶贫重点县劳动力文化程度构成

年份	文盲、半文盲/%	小学/%	初中/%	高中/%	中专及以上/%
2002	15.3	37.8	38.8	6.4	1.6
2003	14.7	36.8	40.3	6.3	1.8
2004	14.0	35.8	41.4	6.7	1.9
2005	12.7	35.1	43.4	6.7	2.0
2006	12.3	34.3	44.2	7.1	2.1
2007	11.6	33.7	45.0	7.3	2.4
2008	11.1	33.4	45.2	7.7	2.7
2009	10.8	32.6	45.5	8.1	3.0
2010	10.3	32.1	45.8	8.5	3.3

资料来源:《中国农村贫困监测报告 2011》。

虽然扶贫重点县劳动力的文化程度有所提高，但相对于全国的水平而言，扶贫重点县的农村劳动力的文化程度仍较低。2010年，全国农民工中，文盲、半文盲占1.3%，远小于扶贫重点县劳动力10.3%的水平；小学文化程度占12.3%，小于扶贫重点县32.1%的比例；初中文化程度占61.2%，高中文化程度占15%，中专及以上文化程度占10.2%（表4-23），均远高于扶贫重点县相同文化程度劳动力的人口比例。

表4-23　2010年农民工的文化程度构成

受教育程度	比例/%
文盲、半文盲	1.3
小学	12.3
初中	61.2
高中	15
中专及以上文化程度	10.2

资料来源：《2010年农民工监测报告》。

农村人口的文化程度较低，导致其外出务工的收入水平较低。2010年，扶贫重点县外出劳动力月人均收入1270.7元，比全国外出农民工的月均收入1690元要低419.3元。

（二）环境贫困

环境贫困主要有自然环境的不利条件，还有金融环境的相对落后。

目前，中国的贫困地区和贫困人口多位于自然环境恶劣的地区，从扶贫重点县的"四通"的情况就可以大致了解到环境贫困的基本状况。2002～2010年，虽然扶贫重点县的"四通"状况有了明显的改进：自然村通公路的比例由2002年的72.2%增加到了2010年的88.1%，通电的自然村比重由2002年的93.0%增加到了2010年的98.0%，通电话的自然村比重由2002年的52.6%增加到2010年的92.9%，能接收电视节目的自然村比重由2002年的83.9%增加到了2010年的95.6%。但是直到2010年，仍有11.9%的自然村未通公路，2.0%的自然村未通电，7.1%的自然村未通电话，4.4%的自然村未能接收到电视节目（表4-24），这造成了贫困地区农村居民信息来源渠道受限，和外界沟通的顺畅程度受阻，也不利于其认知水平的提高。

表 4-24　扶贫重点自然村"四通"情况　　　（单位:%）

年份	通公路的 自然村比重	通电的自 然村比重	通电话的自 然村比重	能接受电视节目 的自然村比重
2002	72.2	93.0	52.6	83.9
2003	75.1	94.2	59.3	86.7
2004	77.7	95.3	64.6	88.0
2005	79.0	95.9	74.0	87.8
2006	81.2	96.0	80.2	89.3
2007	82.8	96.5	85.2	92.2
2008	84.4	96.5	87.5	92.9
2009	86.9	98.0	91.2	94.5
2010	88.1	98.0	92.9	95.6

资料来源:《中国农村贫困监测报告 2011》。

从金融环境来看,贫困地区农村人口获得发展资金较为困难。

发展资金,即便是小额的发展资金也可以对贫困地区农村人口收入水平的提高起到促进作用,从而使得其易于摆脱贫困。然而,中国的农户尤其是贫困的农户获得发展的资金非常困难。虽然近年来贫困户获得的户均贷款金额有所增加,从 2007 年的 5114.0 元增加到 2010 年的 7985.5 元,然而得到贷款的农户的比例却呈下降趋势,从 2007 年的 3.3% 下降到 2010 年的 2.0%。农村贫困家庭无论户均贷款金额还是贷款户比重均低于全部农户的平均水平。2010年,贫困户户均贷款金额要比全部农户贷款金额低 4648.1 元,获得贷款户的比重比全部农户少 1 个百分点（表 4-25）。发展资金获得的困难性使得资金匮乏的农户难以通过改变经营规模、经营方式等来帮助收入的提高,从而陷于贫困中而难以改变生产和生活的状况。

表 4-25　扶贫重点县不同类型农户得到贷款的比例和户均金额

年份	全部农户		个体工商户		种养业大户		贫困户	
	得到贷款 户比重/%	户均贷款 金额/元	得到贷款 户比重/%	户均贷款 金额/元	得到贷款 户比重/%	户均贷款 金额/元	得到贷款 户比重/%	户均贷款 金额/元
2007	4.2	5 614.4	3.4	8 100.0	8.0	5 888.8	3.3	5 114.0
2008	3.3	8 322.3	4.1	24 531.4	7.6	8 094.3	2.2	5 421.3
2009	3.9	10 575.4	4.8	22 226.6	9.4	13 942.6	2.7	7 382.6
2010	3.0	12 633.4	4.2	23 306.8	6.8	15 845.9	2.0	7 985.3

资料来源:《中国农村贫困监测报告 2011》。

(三) 消费贫困

贫困地区农村人口的消费支出逐年增加，已从 2002 年的人均生活消费 1131.4 元增加到了 2010 年的 2662 元，增长幅度达 99.94%，但相对于全国农村人口而言，其消费水平仍较低。2002~2010 年，扶贫重点县的农民人均消费水平一直低于全国农民的平均消费水平，而且与全国农民人均消费的差距呈扩大趋势。2010 年，扶贫重点县的农民人均消费水平仅为全国农民消费水平的 60.7%（图 4-4）。

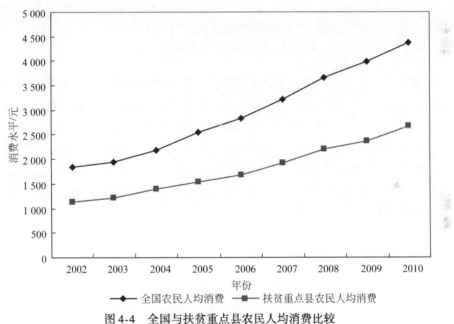

图 4-4　全国与扶贫重点县农民人均消费比较

资料来源：《中国农村贫困监测报告 2011》。

(四) 健康贫困

随着经济的快速发展和收入的不断增加，人民的生活水平日益提高，贫困地区农村人口的身体健康状况也有所改善。2002~2010 年，扶贫重点县健康农户的比例从 91.7% 提高到了 93.1%[①]，但仍有一定比例的残疾、患有大病、

---

① 《中国农村贫困监测报告 2011》。

长期慢性病和体弱多病的人口。2010 年，仍有 3.8% 的贫困人口体弱多病，1.2% 的贫困人口有残疾，1.4% 的贫困人口具有长期慢性病，另有 0.5% 的贫困人口患有大病（图 4-5）。而身体的不健康严重影响了农村人口的收入水平，使其陷入贫困的生活状况中。

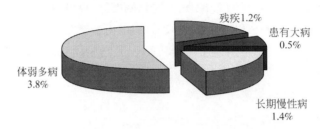

图 4-5　2010 年扶贫重点县农户健康贫困状况

资料来源：《中国农村贫困监测报告 2011》。

　　反过来，收入水平低、生活贫困进一步影响了贫困地区农村人口对病痛进行及时的医治，疾病未及时进行医治的原因主要有经济困难、医院太远、本人不重视等。其中，经济困难是其未能及时医治疾病的最主要原因。2010 年，在扶贫重点县未及时医治疾病的统计人口中，有 54.5% 的农户表示由于经济困难而未能及时就医（图 4-6），身患疾病不利于收入水平的提高，甚至会导致收入水平的大幅度下降，从而加速了患病农民的贫困状况，使其生活消费水平进一步下降。

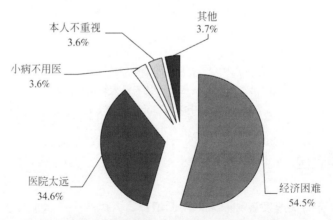

图 4-6　2010 年扶贫重点县农户不及时就医的原因

资料来源：《中国农村贫困监测报告 2011》。

(五) 饮用水保障情况

造成身体出现病患的原因多种多样,其中,饮用水不安全和不良的卫生设施会导致身体出现疾病。目前,贫困地区的饮用水状况仍堪忧。2010年,扶贫重点县仍有28.7%的农户从浅井、江湖河泊、水塘取水饮用(图4-7)。

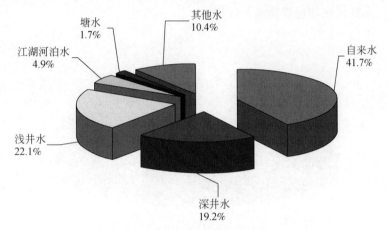

图 4-7 2010 年扶贫重点县按饮用水来源分的农户比重

资料来源:《中国农村贫困监测报告 2011》。

虽然近年来贫困地区农村人口的饮用水状况有所改善,但扶贫重点县有一部分饮用水的来源是不适合饮用的。据统计,2010年,扶贫重点县仍有5.1%的农户从水源有污染的地方获取饮用水,有8.9%的农户较难获得饮用水(表4-26)。

表 4-26　扶贫重点县按饮用水来源分的农户比重

年份	饮用水水源有污染的农户比重/%	取得饮用水困难的农户比重/%
2002	15.5	19.8
2003	14.1	17.7
2004	11.1	13.2
2005	9.5	13.7
2006	7.8	11.5
2007	6.7	10.7
2008	6.3	10.5
2009	5.8	9.5
2010	5.1	8.9

资料来源:《中国农村贫困监测报告 2011》。

（六）家庭卫生设施状况

　　贫困地区农村人口的居住环境设施有待改进，以厕所设施为例，2010年，扶贫重点县农户中仅有6.3%的农户家庭拥有水冲式厕所，而82.1%的农户则使用旱厕，甚至还有11.6%的农户家中没有厕所（图4-8）。因此，贫困地区农村居民家庭居住环境设施急需改进。

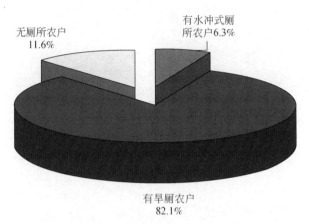

图4-8　扶贫重点县按卫生设备类型分的农户比重

资料来源：《中国农村贫困监测报告2011》。

六、小　　结

　　为了能够更合理地界定贫困，从而确定贫困人口，更有针对性地解决贫困地区农村贫困人口的实际问题，本书从多个方面来考虑贫困问题，而不是仅限于单一的收入标准。

（一）使用多维标准来衡量贫困

　　进一步改进贫困的衡量方法，从单一的收入测定方法转为多维测量方法，从贫困的农村人口的教育保障、医疗保障、饮用水安全、确保发展资金来源等多层次多角度来综合衡量农村人口的贫困状况，确保贫困对象能够得到较为精准的覆盖。

(二) 贫困地区农村人口教育贫困状况有待进一步改进

对农村贫困人口最大的资本——人力资本进行开发，可以提高其可行能力，使其直接受惠。所以扶贫应将关注的重点更多地转向促进农村人力资本提高的政策扶持上来，确保贫困地区的农村人口能够享受到获得平等发展的机会和权利。

(三) 贫困地区农村人口的医疗卫生条件有待改进

目前，仍有部分农村贫困人口饮用水未达标，家庭卫生设施相对落后，从而不利于其身体的健康，这也是造成部分人口患有疾病的根源。今后应为贫困地区的农村人口提供符合标准的饮用水，改善其家庭卫生设施，减少其患病的风险和概率，为其拥有健康身体提供物质上的保障。

(四) 贫困地区农村人口的生产发展需要尽可能多的金融扶持

为了使得贫困地区农村人口能够得到更多的发展资金，从而通过自我发展摆脱贫困，应对农村金融机构建立扶贫激励机制，提高其扶持贫困人口发展的积极性。

参 考 文 献

阿马蒂亚·森. 2009. 以自由看待发展. 任赜, 于真, 译. 北京: 中国人民大学出版社.

埃里克·S. 赖纳特. 2010. 富国为什么富, 穷国为什么穷. 杨虎涛, 陈国涛, 等译. 北京: 中国人民大学出版社.

蔡红霞. 2009. 当前农民增收的制约因素及对策. 理论前沿, (17): 35-37.

杜志雄. 2010-5-13. 收入是手段, 福利是根本. 中国社会科学报, 008.

傅家荣, 汪利虹, 张林. 2007. 中部地区农民增收: 以湖北为例. 经济社会体制比较, (2): 88-92.

李芳. 2005. 阻碍农民收入增长的三大制度因素及其变革设想. 财经理论与实践, (4): 93-97.

刘兆征. 2008. 正视农民收入现状, 探索农民增收途径. 经济问题探索, (10): 31-36.

十堰市茅箭区扶贫办. 2012. 关于两项制度有效衔接试点工作的实践与思考. 2012 湖北发展论坛, 9: 143-147.

苏海南. 2012-2-23. 如何形成正常工资增长机制. 东方早报, A22.

童俊，彭必源．2009．关于湖北省农民收入现状的分析．农业经济，（4）：64-65．

汪利虹．2007．湖北省农民收入持续增长的影响因素透析．消费经济，（4）：50-52，57．

王宏杰．2013．从阿马蒂亚·森的多维贫困观谈农村扶贫对象的选取，经济研究导刊，（35）：43-47．

辛岭，王艳华．2008．我国农民受教育水平与农民收入关系的实证研究．技术经济，（04）：63-68．

约翰·罗尔斯．2011．正义论．何怀宏，何包钢，廖申白，等译．北京：中国社会科学出版社．

郧西县扶贫开发办公室．2012．深化精细化管理，提升扶贫开发绩效．2012 湖北发展论坛，9：158-162．

国家统计局．2011 年全国城乡居民收入增长情况．2011 年中国农村居民收入增速快于城镇，http：//www. gov. cn/gzdt/2012-01/20/content-2050056. htm ［2012-04-12］．

Bonsang E, Soest A V. 2012. Satisfaction with job and income among older individuals across european countries. Soc Indic Res, 105：227-254.

Cohen A. 2010. The multidimensional poverty assessment tool：A new framework for measuring rural poverty. Development in Practice, 20（7）：887-897.

Diener E, Sandvik E, Seidlitz L, et al. 1993. The relationship between income and subjective well-being：Relative or absolute. Social Indicators Research, 28, 195-223.

Diener E. 1984. Subjective well-being. Psychology Bulletin, 95（3）：542-575.

Easterlin R. 1995. Will rising the incomes of all increase the happiness of all. Journal of Economic Behaviour and Organization, 27（1）：35-48.

Easterlin R. 2001. Income and happiness：Towards a unified theory. The Economic Journal, 111：465-484.

Easterlin R. 1974. Does economic growth improve the human lot：Some empirical evidence//David P A, Reder M W. Nations and Households in Economic Growth. New York：Academic Press.

Ferrer-I-Carbonell A, Praag B M S V. 2003. Income satisfaction inequality and its causes. Journal of Economic Inequality, 1（2），107-127.

Festinger L. 1954. A theory of social comparison processes. Human Relations, 7（7）：117-140.

Kapteyn A, Smith J P, Van Soest A. 2008. Are Americans really less happy with their incomes. RAND labor and population working paper WP-591.

Liu L J, Guo Q. 2008. Life satisfaction in a sample of empty-nest elderly：A survey in the rural area of A mountainous county in China. Qual Life Res, 17：823-830.

Pereira M C, Coelho F. 2013. Untangling the relationship between income and subjective well-being：The role of perceived income adequacy and borrowing constraints. J Happiness Stud, 14：985-1005.

Praag B M S V, Ferrer-I-Carbonell A. 2007. Happiness Quantified：A Satisfaction Calculus Approach. Oxford：Oxford University Press.

Rojas M. 2004. The complexity of well-being：A life satisfaction conception and a domains-of-life approach. Paper for the International Workshop on Researching Well-being in Developing Countries.

Rojas M. 2006. X-inefficiency in the relationship between economic satisfaction and income. Puebla: Universidad de las Americas, Working paper.

Rojas M. 2004. The complexity of well-being: A life satisfaction conception and a domains-of-life approach. International Workshop on Researching Well-being in Developing Countries.

Rojas M. 2008. Experienced poverty and income poverty in Mexico: A subjective well-being approach. World Development. 36 (6): 1078-1093.

Salinas-Jime'nez M D M , Arte's J, Salinas-Jime'nez J. 2010. Income, motivation, and satisfaction with life: An empirical analysis. J Happiness Stud, 11: 779-793.

Salinas-Jime'nez M D M, Arte's J, Salinas-Jime'nez J. 2013. How do educational attainment and occupational and wage-earner statuses affect life satisfaction: A gender perspective study. J Happiness Stud, 14: 367-388.

Sengupta N K, Osborne D, Houkamau C A, et al. How much happiness does money buy: Income and subjective well-being in New Zealand. New Zealand Journal of Psychology, 41 (2): 21-34.

第五章
贫困地区农村人口对收入
不平等的看法

改革开放促进了中国经济的快速发展，一部分人和一部分地区快速地富裕起来。改革开放以来，中国经济快速发展，2010 年中国 GDP 超过日本，从而成为全球第二大经济体。同时，2013 胡润财富报告显示，中国富豪数量不断增加，千万富豪已达 105 万人，亿万富豪 64 500 人，分别比上一年增长了 3%和 2%[1]。在经济快速增长和富豪不断增多的情况下，中国的奢侈品消费水平不断提升，早在 2009 年，中国的消费者在奢侈品消费方面就大约花费了百亿美元，约占全球市场总额的 30%。正如 Bain & Company 合伙人 Bruno Lannes 所说，中国已经成为全球第二大奢侈品消费国[2]。

中国经济的快速发展带来了部分人口的极大富裕以及少部分人的奢侈消费，然而，与此形成鲜明对比的是，中国还有相当一部分的人处于贫困的生活中。根据世界银行公布的数据，2011 年，中国人均 GDP 只有 5445 美元，排在全球第 87 名。2011 年的人类发展报告也显示，在 187 个国家中，中国人类发展指数排在第 101 位[3]。中国商务部发言人也曾表示，中国就人均 GDP 而言，仅为日本的 1/10，并且还有 1.5 亿人尚未达到联合国一天一美元收入的标准[4]。

由以上鲜明的对比可以看出，在中国经济快速增长过程中，收入不平等情况也较为严重，并且收入不平等呈现扩大的趋势。代表收入不平等的基尼系数从 1981 年的 0.310 增加到 2003 年的 0.474。和全球其他国家相比，中国的收

收入平等目标下的农村扶贫政策研究

80

---

[1] http://www.hurun.net/zhcn/WPList.aspx.

[2] Xiong Q. China's love affair with luxury. http://english.cntv.cn/program/bizasia/20101008/102907.shtml [10-08-2010].

[3] Zheng Y. China 2011 per capita GDP ranks world's 87th. http://www.chinadaily.com.cn/business/2013-02/01/content_ 16194661.htm [2013-02-01].

[4] 超日本，中国经济总量世界第二. 新华日报，2010-8-18. http://xh.xhby.net/mp2/html/2010-08/18/content_ 266941.htm.

入不平等程度也处于较高的水平（图5-1）。

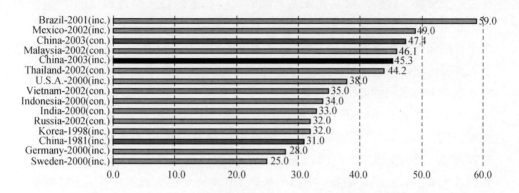

图5-1　中国与其他一些国家收入不平等情况（基尼系数）比较

资料来源：World Bank，2009

　　以上数据表明，中国存在的收入不平等现象，尤其是农村收入分配不平等有不断恶化的趋势（Kanbur and Zhang，2005；Wan，2005；Fan，et al.，2011）。这种发展趋势在一定程度上偏离了中国改革的最终目标，即实现共同富裕。关于共同富裕的问题，邓小平同志多次予以了强调。1985年，邓小平同志指出："鼓励一部分地区、一部分人先富裕起来，也正是为了带动越来越多的人富裕起来，达到共同富裕的目的。"1992年，邓小平同志在南方谈话中再次明确指出："走社会主义道路，就是要逐步实现共同富裕。共同富裕的构想是这样提出的：一部分地区有条件先发展起来，一部分地区发展慢点，先发展起来的地区带动后发展的地区，最终达到共同富裕。"但目前，收入不平等问题较为明显，随着越来越多的人认识到这个问题，人们开始争论收入不平等的存在是否合理？这个问题在其他国家已经过了长期的争论，目前基本达成了相对一致的观点，即认为收入的平均分配无法产生激励机制，故收入完全均等化不能使经济有效的运转（Okun，1975），因此，在社会经济的发展进程中人们之间必须存在着收入差距。但Gurr（1971）提出贫富差距不能过大，过大会使人们产生不满情绪，从而使其倾向于革命，参与社会冲突。就中国收入不平等的情况而言，会对中国经济的长期增长产生不利影响（Wan et al.，2006），而且如果这种收入分配不平等程度持续扩大，将影响社会和政治的稳定，影响社会的和谐发展（程世勇，2010）。

　　因此，收入不平等问题成为中国政府非常关注的问题，并成为亟待解决的重要问题。那么到底什么才是不平等呢？罗尔斯（1988，2001）对此进行了详细的分析，他指出不平等来源于人们在社会文化和自然天赋方面的差异，作为公平的正义关注公民整个人生的前景方面的不平等，而这些前景受到公民出身的社会阶级、自然天赋及其发展天赋的机会和他们在人生过程中的幸与不幸、好运与厄运的影响。政府应该建立起保证背景正义所必需的规则，关注产生于这些偶然性的不平等，以避免这些不平等自动地发挥作用。这些偶然性对收入造成的差距是不公平的，罗尔斯主张通过改善社会中"最不利者"的处境来缩小人们之间的差别。

为了帮助社会中"最不利者"——农村贫困人口改善处境，增加收入，摆脱贫困，过上有尊严的生活，从而缩小中国存在的收入不平等问题，自1978年起，中国政府就一直积极致力于农村的扶贫工作。由于政府的高度重视以及采取的有效扶贫措施，中国的减贫工作取得了巨大成就，贫困规模大幅度下降。中国农村的贫困人口由1978年的2.5亿人减少到2000年的3000万人，农村贫困发生率从30.7%下降到3%左右；之后按照新的更高要求的贫困标准，农村的贫困人口到2010年年底减少为2688万人，农村贫困人口占农村人口的比重也下降到2010年的2.8%。剩余贫困人口的生存环境恶劣，多处于深山高寒、干旱缺水、资源匮乏、交通不便、信息不畅的中西部地区。为了进一步解决农村的剩余贫困人口问题，原有的扶贫政策很难起到满意的效果，因此，面对更加艰难的贫困处境，进入21世纪，中国政府实施了新的扶贫政策，即全面实施贫困村整村推进综合开发政策、"雨露计划"转移培训政策、农业产业化扶贫政策和扶贫搬迁易地开发政策等扶贫措施。经过长期执行解决收入不平等问题的措施，人们开始关注其执行效果，如何进一步制定更加利于社会中"最不利者"状况改进的政策。为了分析新的扶贫政策的实际执行效果，进一步改进完善扶贫政策，了解政策作用对象——贫困人口对收入不平等问题的看法及建议极为重要。本书结合地处中国中部的湖北省的具体情况和有关调研数据进行分析。

一、调研工作

(一) 试调研

为了了解当前社会中"最不利者"对不平等问题的看法，课题组成员于2011年8月对社会最不利者——生活在相对贫困村庄中的农村人口进行了试调研，调查对象为恩施州白杨石桥子村和白杨熊家岩村的共40位农村人口，就其对收入不平等问题进行了访谈，以了解他们如何看待收入不平等问题。这

40 位受访的农村人口中有两人来自相对高收入家庭, 33 人来自相对中等收入家庭, 5 人来自低收入家庭。

从调研结果看, 受访的农村人口对全国范围内和省内收入不平等程度没有做出反映, 而对同乡镇和同村范围内的收入差距有着深刻的认识, 40 人中有 34 人认为同乡镇和同村范围内的收入差距较大。可见, 农村人口对收入差距的感觉与其所熟悉的生活环境有着密切的关系, 对远离其生活环境的收入差距并不关注, 而仅关注与其有关的较小的生活圈。鉴于此, 在 2011 年 12 月的正式调查中, 仅就受访者对同乡镇和同村人口的收入不平等认知问题进行了调查, 而取消了受访者对全国范围内和省内收入不平等程度的看法问题调查。

(二) 正式调研

1. 调查村庄的基本情况

在预调研之后, 课题组对调查问卷进行了进一步的修改和完善, 并于 2011 年 12 月对湖北省英山县方咀乡佰仲桥村、温泉镇杨树沟村、杨柳镇河南畈村和杨柳镇尚家山村 4 个村庄 308 个来自不同家庭的农村人口进行了实地调查[①]。

2. 调查对象的选取

鉴于单一的收入标准确定贫困对象存在的种种问题, 本书借鉴阿马蒂亚·森以及 MPAT 的多维贫困的观点和衡量指标, 结合当地具体实际, 综合考虑了身体状况、教育文化状况等多种能力因素, 并结合当地具体实际, 与村干部进行了充分沟通了, 将"一看粮, 二看房, 三看劳力强不强"作为确定调查的贫困人口的依据。经过了充分的准备工作后, 调研小组对所有在村的贫困人口进行了调查。

按照我国 2011 年 11 月 29 日公布的人均 2300 收入的贫困线标准, 并结合当地具体收入实际, 将受访者按收入标准进行了划分, 当地家庭人均纯收入在 2300 ~ 8000 元的调查对象划为中等收入群体, 将家庭人均纯收入高于 8000 元的调查对象划为高收入群体 (表 5-1)。在 308 个调查对象中, 35.39% 的受访者处于贫困线以下, 50.97% 的受访者为中等收入者, 13.64% 的受访者为高收

---

① 4 个村庄的基本情况已在第四章中介绍。

入者。

表 5-1　人均年收入情况统计表

收入范围	人数/人	所占比例/%
贫困 $Y \leqslant 2300$	109	35.39
中等收入 $2300 < Y \leqslant 8000$	157	50.97
高收入 $8000 < Y$	42	13.64
合计	308	100.00

资料来源：根据课题组问卷调查数据整理而成。

二、贫困地区农村人口对收入不平等问题的基本看法

2011 年 12 月，课题组对英山县 308 位农村人口进行了正式的问卷调查，当问及"当前同乡镇范围内收入不平等程度是太大了、有些大、正好、有些小还是太小了"这一问题的时候，58.77% 的受访者认为收入不平等程度过大，35.71% 的受访者认为收入不平等程度有些大；当问及"本村中的收入不平等程度"时，42.86% 的受访者认为收入不平等程度过大，49.35% 的受访者认为收入不平等程度有些大；当问及"当前亲朋间收入不平等程度"时，21.10% 的受访者认为收入不平等程度过大，62.23% 的受访者表示收入不平等程度有些大（表 5-2）。可见大部分受访的农村人口认为无论在同乡镇范围内、同村范围内还是亲朋间收入不平等程度都比较大。

表 5-2　关于不平等程度的看法　　　　　　　　　　（单位：%）

项目	太大	有些大	正好	有些小	太小
同乡镇范围内收入不平等程度	58.77	35.71	3.25	1.62	0.65
本村中的收入不平等程度	42.86	49.35	6.17	1.62	0.00
亲朋间收入不平等程度	21.10	62.34	14.29	1.95	0.32

资料来源：根据课题组问卷调查数据整理而成。

三、贫困地区农村人口对收入不平等
影响因素看法的计量分析

为了更加准确地了解哪些因素对收入不平等问题有着显著影响，本书采用

计量分析方法对调查数据进行进一步深入分析。

(一) 变量说明

本书在调查问卷中参考《国际社会公正调查》中的问题，在问卷中将收入不平等的影响因素归为 10 大类，即能力和才干方面的差异、运气因素、品行差异、个人努力程度、社会上存在的偏见和歧视、机会均等的程度、体制公平的程度、学历高低程度、家庭出身好坏及个人选择是否失误为影响收入不平等程度；并将影响程度归为 5 类，即影响程度太大、影响程度有些大、影响程度正好、影响程度有些小和影响程度太小。怀默霆（Whyte，2009）则将这些影响因素归为两大类，即个人绩效和外部的或结构性的因素，并做了基本假设，假设如果当前不平等更多地被归因于基于个人绩效的因素，那么这种不平等就是公平的，如果不平等更多地被归因为外部因素，这种不平等就被认为是不公平的。本书以此为基础进行分析。

这里以同村范围内的收入不平等程度作为因变量，能力和才干方面的差异、运气因素、品行差异、个人努力程度、社会上存在的偏见和歧视、机会均等的程度、体制公平的程度、学历高低程度、家庭出身好坏及个人选择是否失误等作为影响收入不平等程度的因素，进行实证分析，关于具体的变量及变量赋值，并整理成表 5-3。

表 5-3　变量名称及变量赋值表

变量名称	变量符号	变量赋值
同村范围内收入不平等程度	Y	1＝太大；2＝有些大；3＝正好；4＝有些小；5＝太小
能力和才干方面的差异	$X1$	1＝特别大的作用；2＝较大的作用；3＝有一些作用；4＝作用不大；5＝没有作用
运气因素	$X2$	1＝特别大的作用；2＝较大的作用；3＝有一些作用；4＝作用不大；5＝没有作用
品行差异	$X3$	1＝特别大的作用；2＝较大的作用；3＝有一些作用；4＝作用不大；5＝没有作用
个人努力程度	$X4$	1＝特别大的作用；2＝较大的作用；3＝有一些作用；4＝作用不大；5＝没有作用
社会上存在的偏见和歧视	$X5$	1＝特别大的作用；2＝较大的作用；3＝有一些作用；4＝作用不大；5＝没有作用
机会均等的程度	$X6$	1＝特别大的作用；2＝较大的作用；3＝有一些作用；4＝作用不大；5＝没有作用

变量名称	变量符号	变量赋值
体制公平的程度	X7	1＝特别大的作用；2＝较大的作用；3＝有一些作用；4＝作用不大；5＝没有作用
学历高低程度	X8	1＝特别大的作用；2＝较大的作用；3＝有一些作用；4＝作用不大；5＝没有作用
家庭出身好坏	X9	1＝特别大的作用；2＝较大的作用；3＝有一些作用；4＝作用不大；5＝没有作用
个人选择是否失误	X10	1＝特别大的作用；2＝较大的作用；3＝有一些作用；4＝作用不大；5＝没有作用

（二）计量分析

本书以 Y 为因变量，$X1 \sim X10$ 为自变量进行 Logistic 逐步回归分析。结果在 90% 显著水平的情况下进入模型之中的变量依次是 $X1$、$X10$ 和 $X4$（表5-4），而其他变量在回归分析中并不显著，故未引入方程。

表5-4　变量逐步筛选过程分析

Step	Entered Effect	DF	Score Chi-Square	Pr>ChiSq
1	X1	1	42.694 7	<0.000 1
2	X10	1	5.256 2	0.021 9
3	X4	1	2.892 4	0.089 0

通过进行最大似然估计，得到参数检验的结果（表5-5）、参数的 OR 值（表5-6）。由最大似然估计分析结果可以看出，自变量 $X1(p<0.001)$、$X4(p=0.0668)$、$X10(p=0.0048)$ 的回归系数有显著性差异（表5-5）。

表5-5　最大似然估计

Parameter	DF	Estimate	Standard Error	Chi-Square	Pr>ChiSq
Intercept	1	−4.062 5	0.668 2	36.964 0	<0.000 1
Intercept2	1	−0.863 0	0.610 5	1.998 3	0.157 5
Intercept3	1	0.830 9	0.694 4	1.431 5	0.231 5
X1	1	0.808 3	0.134 2	36.266 4	<0.000 1
X4	1	−0.215 6	0.117 6	3.361 1	0.066 8
X10	1	0.340 8	0.120 7	7.970 5	0.004 8

通过进行 OR 分析，得到表 5-6。由表 5-6 可以看出，无论个人的能力和才干、个人努力程度和个人选择的正确性对收入不平等均有显著的影响，即农村人口个人的能力和才干、农村人口个人的努力程度和个人选择的正确性的差距扩大，收入不平等程度就会增加。

表 5-6　OR 分析

Effect	Point Estimate	95% Wald	Confidence Limits
$X1$	2.244	1.725	2.919
$X4$	0.806	0.640	1.015
$X10$	1.406	1.110	1.782

（1）个人的能力和才干。在实地调查中，有近 83.12% 的受访者认为能力和才干是造成收入不平等的重要解释变量，而仅有 9.09% 的受访者认为能力和才干对收入不平等没有影响或影响很小。从计量结果也可以看出，在其他因素不变的情况下，个人的能力和才干的 OR 值为 2.244，表明个人的能力和才干对收入不平等有着显著的正向影响。农村贫困人口个人的能力和才干每有一单位的差距，收入不平等程度就会增加 1.244 单位。因此，提高农民个人能力和才干可以大幅度地提高其收入水平。

（2）个人的努力程度。在实地调查中，有近 63.64% 的受访者认为个人努力程度是造成收入不平等的重要解释变量，而仅有 14.29% 的受访者认为个人努力程度对收入不平等没有影响或影响很小。因此，调动贫困地区农村人口工作的努力程度可以大幅度地提高其收入水平。

（3）个人选择的正确性。在实地调查中，有近 50% 的受访者认为个人选择的正确性是造成收入不平等的重要解释变量，而仅有 19.81% 的受访者认为个人选择的正确性对收入不平等没有影响或影响很小。从计量结果也可以看出，在其他因素不变的情况下，个人选择的正确性的 OR 值为 1.406，表明个人选择的正确性对收入不平等有着显著的正向影响。农村贫困人口个人选择的正确性每有一单位的差距，收入不平等程度就会增加 40.6%。因此，农民个人选择的正确性的提高可以大幅度地提高其收入水平。

个人的能力和才干、个人努力程度和个人选择的正确性都属于个人绩效因素，而外部性因素如社会上存在的偏见和歧视、体制公平的程度、家庭出身好坏等因素在分析中都没有表现出显著性。由此可以得出，贫困地区农村人口认为是个人绩效因素而非外部因素导致了目前收入的较大差距。因此，按照怀默霆（2009）的观点可以认为，贫困地区农村人口认为当前的收入不平等是公平的。

四、农村贫困人口能够容忍的收入不平等程度分析

虽然贫困地区农村人口认为当前的收入不平等是公平的，但他们仍然希望收入差距能够控制在一定的范围内，但对于较为合理的范围，他们则有不同的意见。在 308 位受访者中，除了 7.14% 的受访者未给出具体的答复，其余 1.62% 的受访者认为不必将收入差距控制在一定的范围内，能力高的人收入就高；66.88% 的受访者认为应将收入差距控制在 4 倍以下，84.74% 的受访者认为应将收入差距控制在 5 倍以下，只有 6.49% 的受访者认为可以接受收入差距达到 5 倍以上（表5-7）。

表5-7 能接受的同村内最大收入差距统计表

倍数	未答复	能力高收入就高	1 倍	2 倍	3 倍	4 倍	5 倍	5 倍以上	合计
比例/%	7. 14	1. 62	1. 62	15. 91	46. 43	66. 88	84. 74	6. 49	100

资料来源：根据课题组问卷调查数据整理而成。

五、结　　论

本书的分析表明，贫困地区的农村人口认为在其生活的小环境中收入不平等程度较大，而个人的能力和才干、个人努力程度和个人选择的正确性等个人绩效因素是影响收入不平等程度的显著性因素，按照怀默霆（2009）的观点，这种收入不平等是公平的，表明贫困地区的农村人口更多地接受这种收入上的不平等，并将其原因归结为自身原因而不是怨恨社会。

但这并不意味着贫困地区的农村人口对于改善收入不平等程度的政策非常满意，调查结果显示，中国未来还需要为提高贫困地区农村收入、改善贫困人口的状况做出巨大努力。

（一）扶贫开发政策知晓情况

为了了解农村人口对扶贫开发政策的认知情况，课题组在调查中涉及了一个单项问题，即"您是否了解扶贫开发政策？A 了解；B 不了解"。

在所有受访的农村人口中，仅有 35.06% 的人认为自己"了解该扶贫开发政策"，而有 64.94% 的人认为自己"不了解该扶贫开发政策"。其中，在已实

施扶贫开发政策的地区，仍有64%的人认为自己"不了解该扶贫开发政策"。而在未实施扶贫开发政策的地区，有65.82%的人认为自己"不了解该扶贫开发政策"（表5-8）。可见受访农村人口对扶贫开发政策的知晓程度较低，政策的宣传效果有待提高。

表5-8　对扶贫开发政策知晓率　　　　　　　　（单位:%）

知晓率	了解	不了解
受访者	35.06	64.94

资料来源：根据课题组问卷调查数据整理而成。

(二) 扶贫开发政策的满意度

为了了解农村人口对扶贫开发政策的满意程度，调查中涉及了一个单项问题，即"您对目前的扶贫政策是否满意？A 非常不满意；B 比较不满意；C 一般；D 比较满意；E 非常满意"。所有受访的农村人口中，有20.46%的人对扶贫开发政策表示不满意（表5-9）。

表5-9　扶贫开发政策满意率　　　　　　　　（单位:%）

满意度	满意	一般	不满意
受访者	61.03	18.51	20.46

资料来源：根据课题组问卷调查数据整理而成。

因此，即便贫困地区农村人口认为收入上的不平等是公平的，社会各界也不能一味等待贫困地区农村人口完全依靠自己的力量提高自身能力，靠自身力量解决收入差距较大的问题。而应为了提高贫困地区农村人口收入的平等程度，积极为贫困地区农村人口提供能够提高其自身能力和才干的受教育机会，为其能够做出更加正确的选择提供帮助，为其正确的努力方向提供积极的指导。除此外，也要时刻注意社会上存在的偏见和歧视、体制公平的程度、家庭出身好坏等外部性因素的影响，尽可能提供更加公平的外部环境条件。

参 考 文 献

程世勇．2010.缓解当前收入差距不能仅靠社会保障．http://www.gmw.cn/01gmrb/2010-04/13/content_1091981.htm［2010-04-13］.

万广华．2006.经济发展与收入不均等：方法和证据．上海：上海人民出版社．

王宏杰，李东岳．2013.贫困地区农村居民对扶贫政策的满意度分析．华南农业大学学报

（社会科学版），（2）：44-49.

约翰·罗尔斯．1988. 正义论．何怀宏，何包钢，廖申白，等译．北京：中国社会科学出版社．

约翰·罗尔斯．2001. 作为公平的正义——正义新论．姚大志，译．上海：上海三联书店．

Amartya S. 2009. Development as Freedom . Beijing：China Renmin University Press.

Dzivakwi R，Jacobs P T. 2010. Support for pro-poor agricultural development and rural poverty reduction in Eastern Cape. https：//core. ac. uk/download/pdf/6614489. pdf ［2012-04-13］.

Fan S G，Kanbur R，Zhang X B. 2011. China's regional disparities：Experience and policy. Review of Development Finane，（1）：47-56.

Fave I R D. 1980. The meek shall not inherit the earth：Self-evaluation and the legitimacy of stratification. American Sociological Review，45：955-971.

Gelaw F. 2009. The Relationship between Poverty，Inequality，and Growth in the Rural Ethiopia：Micro Evidence. Contributed Paper prepared for presentation at the International Association of Agricultural Economists Conference，Beijing，China，August 16-22，2009.

Gurr T R. 1971. Why Men Rebel. Princeton，N J.：Princeton University Press.

Hailu Y G，Kahsai M S，Gebremedhin T G，et al. 2009. Is income inequality endogenous in regional growth. http://ageconsearch. umn. edu/bitstream/46320/2/SAEA%202009%20income%20inequality%20Final. pdf ［2012-04-13］.

Kanbur R，Zhang X B. 2005. Fifty years of regional inequality in China：A journey through central planning，reforming and openness . Review of Development Economics，9（1）：87-106.

Okun A M. 1975. Equality and Efficiency：The Big Trade-off. Washington：Brookings Institution.

Sen A. 1983. Poor，Relatively Speaking. Oxford Economic Papers，New Series，35（2）：153-169.

Wan G H，Lu M，Chen Z. 2006. The inequality-growth nexus in the Short-and Long-run：Empirical evidence from China. Forthcoming in Journal of Comparative Economics，（4）：654-667.

Wan G H. 2005. Rising Inequality in Post Reform China. https：//www. wider. unu. edu/publication/rising-inequality-post-reform-China ［2012-04-13］.

Wan G H. 2006. Economic Development and Income Inequality：Methodology and Evidence. Shanghai：Shanghai Renmin Press.

Whyte M K. 2009. Views of Chinese citizens on current inequalities. Sociological Research，（1）：96-120.

World Bank. 2009. China-From Poor Areas to Poor People：China's Evolving Poverty Reduction Agenda-An Assessment of Poverty and Inequality in China. http://documents. worldbank. org/curated/en/816851468219918783/pdf/473490SR0CN0P010Disclosed0041061091. pdf ［2012-04-13］.

Zhang J W，Zhang S B. 2010. Changes in primary income distribution and resulting problems：A view of labor share in GDP. Chinese Journal of Population Science，（5）：24-35.

第六章
贫困地区农村人口对贫困村整村推进综合开发政策的满意度分析
——基于湖北省英山县四村庄308位农村人口的调查

为城镇居民、农村居民提供基本的公共设施和公共服务是政府的重要职责之一。鉴于目前中国存在的城乡差距、贫富差距的问题较为突出，中共中央提出"必须坚持把解决好农业、农村、农民问题作为全党工作重中之重"①，多渠道加强农村基础设施建设和公共服务。因此，今后为农村地区，尤其是公共设施和公共服务严重不足的贫困农村地区，提供道路、教育、干净的饮用水和其他公共设施和服务是政府的重要任务，这有利于缓解农村地区的贫困状况，同时，也能够提高农村地区居民的满意度和幸福感。

关于政府的公共设施和公共服务的投入能够带来一定的回报，并能够在一定程度上缓解农村地区的贫困问题，Fan 等（2000）曾使用1970~1997年省级层面的数据对不同类型的政府支出为中国经济的增长和农村贫困所起到的作用进行了定量评估。评估结果表明，所有的政府公共投资项目分别对中国经济发展水平不同的三类地区，即东部沿海地区、中部地区和西部地区进行投入，政府每一元的公共投入对农业产出的回报是不同的，回报最高的基本都是在中部地区或者是西部地区。政府每投入一元到道路建设中，在沿海地区可以带来3.69元的回报，在中部地区可以带来6.90元的回报，在西部地区会带来6.71元的回报；政府每投入一元到农村电话中，在沿海地区可以带来4.14元的回报，在中部地区可以带来8.05元的回报，在西部地区则会带来6.57元的回报（表6-1）。

研究结果同时还表明，所有的政府公共投资项目分别对东部沿海地区、中

---

① 《中共中央关于制定国民经济和社会发展第十二个五年规划的建议》。

部地区和西部地区进行投入后，所带来的减贫效果也存在着较大差异。其中，所有的公共投入项目对西部地区的减贫效果都是最为明显的，每投入万元到道路建设中，在沿海地区可以帮助0.70人摆脱贫困，在中部地区可以帮助2.80人摆脱贫困，而在西部地区则会帮助14.6人摆脱贫困；每投入万元到农村电话中，在沿海地区可以帮助0.98人摆脱贫困，在中部地区可以帮助4.11人摆脱贫困，而在西部地区则会帮助17.99人摆脱贫困；每投入万元到供电中，在沿海地区可以帮助0.92人摆脱贫困，在中部地区可以帮助2.64人摆脱贫困，而在西部地区则会帮助9.62人摆脱贫困；每投入万元到灌溉中，在沿海地区可以帮助0.15人摆脱贫困，在中部地区可以帮助0.23人摆脱贫困，而在西部地区则会帮助1.14人摆脱贫困（表6-1）。

表6-1 中国农村地区公共投资的边际回报及减贫情况

投资		沿海地区	中部地区	西部地区	中国
对农业产出的回报（每投入一元获得的回报元数）	R&D	7.33	8.53	9.23	7.97
	灌溉	1.40	0.98	0.93	1.15
	道路	3.69	6.90	6.71	4.91
	教育	6.06	8.45	6.20	6.68
	供电	3.67	4.89	3.33	3.90
	农村电话	4.14	8.05	6.57	5.29
减贫收益（每投入万元减少的贫困人数）	R&D	0.97	2.42	14.03	3.36
	灌溉	0.15	0.23	1.14	0.39
	道路	0.70	2.80	14.60	2.96
	教育	1.79	5.35	21.09	6.30
	供电	0.92	2.64	9.62	2.92
	农村电话	0.98	4.11	17.99	4.02

资料来源：Fan et al.，2000

2004年，Fan等研究再次对中国2000年公共投入对中国经济的增长和农村贫困所起到的作用进行了评估，研究分析再一次表明，政府对农村地区的公共投资对减少贫困、增加农村GDP以及非农GDP增长都具有较大的促进作用。对全国而言，每万元道路的投入会帮助6.63人摆脱贫困，对西部地区而言，减贫效果则更为明显，每万元道路投入会帮助10.03人摆脱贫困。对全国而言，每一元道路投入可以为农村GDP带来6.57元的回报，同时可以为非农GDP带来4.88元的回报（表6-2）。

表 6-2　2000 年中国农村地区公共投资的边际回报及减贫情况

投资		沿海地区	中部地区	西部地区	平均值
对农村 GDP 的回报 （每投入一元获得的回报元数）	R&D	5.54	6.63	10.19	6.75
	灌溉	1.62	1.11	2.13	1.45
	道路	8.34	6.90	3.39	6.57
	教育	11.98	8.72	4.76	8.96
	供电	3.78	2.82	1.63	2.89
	电话	4.09	4.60	3.81	4.22
对农业 GDP 的回报 （每投入一元获得的回报元数）	R&D	5.54	6.63	10.19	6.75
	灌溉	1.62	1.11	2.13	1.45
	道路	1.62	1.74	1.73	1.69
	教育	2.18	2.06	2.33	2.17
	供电	0.81	0.78	0.88	0.82
	电话	1.25	1.75	2.49	1.63
对非农 GDP 的回报 （每投入一元获得的回报元数）	道路	6.71	5.16	1.66	4.88
	教育	9.80	6.66	2.43	6.79
	供电	2.96	2.04	0.75	2.07
	电话	2.85	2.85	1.32	2.59
减贫收益（每投入万元减少的贫困人数）	R&D	3.72	12.96	24.03	10.74
	灌溉	1.08	2.16	5.02	2.31
	道路	2.68	8.38	10.03	6.63
	教育	5.03	13.90	18.93	11.88
	供电	2.04	5.71	7.78	4.85
	电话	1.99	8.10	13.94	6.17
	贫困贷款	3.70	3.57	2.40	3.03

资料来源：Fan et al.，2004

　　农村地区公共投资的边际回报及减贫情况的研究为中国扶持贫困工作的进一步开展奠定了良好的理论依据，对扶贫政策的进一步完善具有一定的指导意义。在相关理论和实践工作的指导下，中国政府在 21 世纪制定了贫困村整村推进综合开发政策。贫困村整村推进综合开发政策是由中央财政集中投入，整合各类涉农资金以及社会扶持资金对贫困村的各种公共基础设施进行整体集中改善的一种扶贫模式。该种扶贫政策的运行方式主要包括将各类渠道的资金用于修建村组的公路、改造低产田、整治村庄环境等村级基础设施建设等方面，从而使贫困地区农村居民的生产、生活条件得以改善，让贫困地区的农村居民能够在较好的生产和生活设施条件下，获得较好的产量并增加收入，提高生活质量，从而最终能够摆脱贫困处境。

从政策的制定者和执行者的视角来看，贫困村整村推进综合开发政策的主要特点体现在两个方面：一是扶贫资金利用效率高。整村推进综合开发政策的资金利用方式是对各种渠道的扶贫资金统筹之后集中使用，减少了在贫困地区建设中不同的管理部门将所管理的资金投入到同一项目的重复建设中的概率，从而提高了扶贫资金的使用效率。二是受益的贫困农户多。道路交通、灌溉、通电等农村公共设施具有非排他性，因此，公共设施的改进会带来众多的受益群体，对改善农村居民的生产、生活条件具有显著作用。以湖北省为例，自2001年开始，湖北省全面启动和实施贫困村整村推进综合开发工作，到2010年，全省纳入扶贫规划的8614个贫困村，已经全部分期分批地实施了整村推进工作，包括修建村组公路、饮水工程、低产田改造、基本医疗设施、通广播电视以及村庄环境整治等工作。湖北省扶贫开发办公室对29个扶贫重点县1500个验收村的实施情况进行了统计，结果表明，在开展贫困村整村推进综合开发后农村居民人均纯收入年均增长300元以上；贫困人口由整村推进综合开发政策实施前的20.53万户、78.24万人，减少到该政策实施后的6.27万户、23.63万人，减贫幅度达到70%，贫困发生率由实施前的35.5%下降到10.7%。由此可见，贫困村整村推进综合开发政策在制定者和执行者来看，是极为理想的扶贫措施。

那么，政策的作用对象如何看待该政策呢？其态度对政策效果的好坏起着关键性的作用。鉴于中国社会中的"最不利者"[①]——贫困地区的农村人口，作为贫困村整村推进综合开发政策的最终作用对象，其对于该政策的执行效果有着最为直接的感受，因此，了解这部分人们对贫困村整村推进综合开发政策的看法，对于进一步完善贫困村整村推进综合开发政策，使得该政策更加有利于社会中"最不利者"有着极为重要的作用。为了深入地了解贫困村整村推进综合开发政策的执行效果，课题组对湖北省英山县的农村人口进行了实地访问和调查，从而能够更好地从贫困地区农村人口的视角来分析贫困村整村推进综合开发政策的效果。

一、调查对象的选取

为了从政策作用对象的视角来深入地了解贫困村整村推进综合开发政策的

---

① 约翰·罗尔斯. 正义论. 何怀宏, 何包钢, 廖申白, 等译. 北京：中国社会科学出版社.

效果情况，课题组成员于 2011 年 12 月，深入到湖北省英山县方咀乡佰仲桥村、温泉镇杨树沟村、杨柳镇河南畈村和杨柳镇尚家山村 4 个村庄就贫困村整村推进综合开发政策的满意度进行了实地调查①。

在进行调查之前，首先确定调查的对象。鉴于单一的收入标准确定贫困对象存在的种种问题，因此，本书借鉴阿马蒂亚·森以及 MPAT 的多维贫困的观点和衡量指标，结合当地具体实际，在与村干部进行了充分沟通的基础上，综合考虑了待调查村庄农村人口的身体健康状况、教育文化状况等多种能力因素，并将"一看粮，二看房，三看劳力强不强"的标准作为确定进行访问调查的贫困人口的具体依据。在经过了事先充分的准备工作后，调研小组对 4 个村庄中所有在村内的贫困人口进行了调查，除此之外，还对部分非贫困的农村人口进行了相应的调查访问，以作比较分析使用。

（一）受访者的收入状况

按照中国 2011 年 11 月 29 日公布的人均纯收入 2300 元的贫困线标准，并结合当地实际的收入水平，将受访者按收入的标准进行进一步划分。将当地家庭人均纯收入在 2300~8000 元的调查对象划为中等收入者，将家庭人均纯收入高于 8000 元的调查对象划为高收入者。在 308 个调查对象中，35.39% 的受访者处于贫困线以下，50.97% 的受访者为中等收入者，13.64% 的受访者为高收入者（表6-3）。农村人口尤其是农村的贫困人口收入水平较低，而较低的收入状况影响了农村人口正常的生活，在 308 个调查者中，就有 27.60% 的受访者表示，近五年自己的家庭曾出现过入不敷出的情况。

表6-3 人均年收入情况统计表

收入范围（元）	人数/人	比例/%
收入贫困 $Y \leqslant 2300$	109	35.39
中等收入 $2300 < Y \leqslant 8000$	157	50.97
高收入 $Y > 8000$	42	13.64
合计	308	100.00

资料来源：根据课题组问卷调查数据整理而成。

----

① 4 个村庄的基本情况已在第四章中已经介绍。

(二) 受访者的受教育情况

受访者的受教育程度较低。308 个受访的贫困地区农村人口中，受教育年限在 0 ~ 6 年的受访者占 62.01%，受教育年限在 7 ~ 9 年的占 28.90%，受教育年限在 10 年及 10 年以上的仅占 9.09%（表 6-4）。一般而言，受教育程度越高，收入水平越高。因为较低的文化程度限制了农村人口对种养殖技术的接纳程度以及技术能力提高的程度，不利于其通过扩大农业经营获得较高的农业经营收入。同时，较低的文化程度使得贫困地区农村人口在激烈竞争的劳动力市场中处于不利地位，从而就业困难、劳动收入难以提升。由此可见，贫困地区农村人口较低的文化程度成为其收入快速增长的阻碍因素。

表 6-4　受访者接受教育年限情况统计表

受教育年限	人数/人	比例/%
0 ~ 6 年	191	62.01
7 ~ 9 年	89	28.90
10 年及以上	28	9.09
合计	308	100.00

资料来源：根据课题组问卷调查数据整理而成。

(三) 受访者家庭成员的身体状况

贫困地区农村人口的身体状况不容乐观，部分家庭成员身体状况较差，不仅难以带来身体健康者所能带来的收入，反而还因病需要一定的医疗支出。在调查的 308 位农村人口中，有 29.87% 的受访者表示家中有病人，故而因病造成的开支较多。身体的不健康严重影响了农村人口的收入水平的提升，同时带来了相关的医疗支出的增加，使贫困地区的农村人口陷入因病致贫的生活状态中。

二、贫困村整村推进综合开发政策的基本运行情况

(一) 农村人口对"贫困村整村推进综合开发政策"的知晓情况

为了了解农村人口对贫困村整村推进综合开发政策的认知情况，课题组在

调查问卷中提出了一个单项的问题，即"您是否了解该扶贫开发政策？A 了解；B 不了解"。

表 6-5 显示了不同反馈意见的人数所占的比例。数据显示，在所有受访的 308 个农村人口中，仅有 35.06% 的人回答自己"了解该扶贫开发政策"，而有 64.94% 的人回答自己"不了解该扶贫开发政策"。其中，在已实施贫困村整村推进综合开发政策的地区，有 36% 的人回答自己"了解该扶贫开发政策"，有 64% 的人回答自己"不了解该扶贫开发政策"。而在未实施贫困村整村推进综合开发政策的地区，有 34.18% 的人回答自己"了解该扶贫开发政策"，而有 65.82% 的人回答自己"不了解该扶贫开发政策"（表 6-5）。由此可见，受访的农村人口尤其是未实施贫困村整村推进综合开发政策地区的农村人口对扶贫开发政策的知晓程度较低，而实施了贫困村整村推进综合开发计划地区的农村人口对扶贫开发政策的知晓程度较高。

表 6-5　对"贫困村整村推进综合开发政策"的知晓率　　（单位：%）

项目	了解	不了解
所有调查对象	35.06	64.94
实施该政策地区的调查对象	36	64
未实施该政策地区的调查对象	34.18	65.82

资料来源：根据课题组问卷调查数据整理而成。

（二）农村人口对贫困村整村推进综合开发政策的满意情况

为了了解农村人口对贫困村整村推进综合开发政策的看法，课题组在调查问卷中提出了一个单项问题，即"您对目前的扶贫政策是否满意？A 非常不满意；B 比较不满意；C 一般；D 比较满意；E 非常满意"。

表 6-6 显示了不同反馈意见的人数所占的比例。数据显示，308 位受访的农村人口中，仅有 12.01% 的农村人口表示对贫困村整村推进综合开发政策"非常满意"，有 49.02% 的农村人口表示"比较满意"，有 18.51% 的农村人口表示满意度"一般"，11.69% 的农村人口表示"比较不满意"，8.77% 的农村人口表示"非常不满意"。其中，在已实施贫困村整村推进综合开发政策的地区，15.44% 受访的农村人口表示对扶贫开发政策"非常满意"，有 52.35% 的农村人口表示"比较满意"，有 18.12% 的农村人口表示满意度"一般"，10.74% 的农村人口表示"比较不满意"，3.35% 的农村人口表示"非常不满意"。而在未实施贫困村整村推进综合开发政策的地区，8.80% 受访的农村人

口表示对扶贫开发政策"非常满意",有45.91%的农村人口表示"比较满意",18.87%的农村人口表示满意度"一般",12.58%的农村人口表示"比较不满意",13.84%的农村人口表示"非常不满意"(表6-6)。可见,受访的农村人口对扶贫开发政策的满意率要远高于不满意率,已经实施贫困村整村推进综合开发政策地区的农村人口对政策的满意程度要高于尚未实施贫困村整村推进综合开发政策地区农村人口对政策的满意程度。

表6-6 农村人口对贫困村整村推进综合开发政策的满意程度

(单位:%)

项目	非常满意	比较满意	一般	比较不满意	非常不满意
所有调查对象	12.01	49.02	18.51	11.69	8.77
实施该政策地区调查对象	15.44	52.35	18.12	10.74	3.35
未实施该政策地区调查对象	8.80	45.91	18.87	12.58	13.84

资料来源:根据课题组问卷调查数据整理而成。

三、影响贫困地区农村人口对贫困村整村推进综合开发政策的满意程度高低的因素分析

(一)变量说明

本书采用社会满足程度评估标准[①]对贫困村整村推进综合开发政策的执行效果情况进行评估,即通过贫困地区农村人口对贫困村整村推进综合开发扶贫政策的满意度来进行分析。本书以贫困地区农村人口对扶贫政策的满意度作为因变量,以性别、年龄、受教育年限、有无何种信仰、是否担任村干部、2011年获得的扶贫资金、认为自己的家庭收入在当地的水平、是否了解扶贫开发政策和家庭收入是否受到农业扶贫开发政策的巨大影响等指标作为影响农村人口对扶贫政策满意度的因素,进行实证分析,关于具体的变量名称及变量赋值,本书整理成表6-7。

———————

① Gao Q, Garfinkel I, Zhai F H. Anti-poverty effectiveness of the minimum living standard assistance policy in urban China. Review of Income and Wealth, 55:630-655.

Rojas M. 2007:The complexity of well-being: A life satisfaction conception and a domains-of-life approach. Paper for the International Workshop on Researching Well-being in Developing Countries:1-25.

Meng X, Gregory R, Wan G H. 2007. Urban poverty in China and its contributing factors, 1986-2000. Income and Wealth, 53 (1):167-189.

Coate S. 1997. Welfare economics and the evaluation of policy changes. PIER Working Paper 97-040:1-25.

表 6-7　变量名称及变量赋值表

变量名称	变量符号	变量赋值
对该扶贫政策的满意度	Y	1 = 非常不满意；2 = 比较不满意；3 = 一般； 4 = 比较满意；5 = 非常满意
性别	$X1$	1 = 女；2 = 男
年龄	$X2$	实际年龄
受教育年限	$X3$	实际受教育年限
有无何种信仰	$X4$	1 = 无；2 = 有
是否担任村干部	$X5$	1 = 无；2 = 有
2011 年获得的扶贫资金	$X6$	实际金额
认为自己的家庭收入在当地的水平	$X7$	1 = 低收入；2 = 中等收入；3 = 高收入
是否了解扶贫开发政策	$X8$	1 = 不了解；2 = 了解
家庭收入是否受到农业扶贫开发政策的 巨大影响	$X9$	1 = 否；2 = 是
扶贫开发政策对收入不平等的作用	$X10$	1 = 不了解；2 = 没起作用；3 = 有一些作用； 4 = 在一定程度上扩大了收入差距

(二) 计量分析

本书以 Y 为因变量，$X1 \sim X10$ 为自变量进行 Logistic 逐步回归分析。在 90% 显著水平的情况下进入模型之中的变量依次是 $X10$、$X2$、$X9$、$X4$ 和 $X8$ (表 6-8)，其他变量在此回归分析中未表现出显著性，故未被引入方程中。

表 6-8　变量逐步筛选过程分析

Step	Entered Effect	DF	Score Chi-Square	Pr>ChiSq
1	$X10$	1	27.265 6	<0.000 1
2	$X2$	1	20.316 3	<0.000 1
3	$X9$	1	7.366 4	0.006 6
4	$X4$	1	6.789 6	0.009 2
5	$X8$	1	3.693 0	0.054 6

通过进行最大似然估计，得到参数检验的结果。由最大似然估计分析的结果可以看出，自变量 $X2$ ($p<0.001$)、$X4$ ($p=0.0182$)、$X8$ ($p=0.0579$)、$X9$ ($p=0.0163$)、$X10$ ($p=<0.0001$) 的回归系数有显著性差异 (表 6-9)。

表 6-9　最大似然估计

Parameter	DF	Estimate	Standard Error	Chi-Square	Pr>ChiSq
Intercept	1	−5.948 6	0.814 1	53.389 7	<0.000 1
Intercept2	1	−3.126 0	0.747 2	17.502 5	<0.000 1
Intercept3	1	−2.090 1	0.738 4	8.011 7	0.004 6
Intercept4	1	−0.994 6	0.745 8	1.778 5	0.182 3
X2	1	0.037 1	0.008 42	19.425 5	<0.000 1
X4	1	−1.008 9	0.427 2	5.576 3	0.018 2
X8	1	0.460 3	0.242 7	3.597 4	0.057 9
X9	1	0.676 0	0.281 5	5.767 9	0.016 3
X10	1	0.612 7	0.148 0	17.130 9	<0.000 1

　　通过进行 OR 分析，得到表 6-10。由表 6-10 可以看出，受访者的年龄、是否了解扶贫开发政策、家庭收入是否受到农业扶贫开发政策的巨大影响以及扶贫开发政策对收入不平等的作用等因素对扶贫政策的满意度均有显著的正向影响，而有无宗教信仰则对扶贫政策的满意度起着负面作用。

表 6-10　OR 分析

Effect	Point Estimate	95% Wald	Confidence Limits
X2	1.038	1.021	1.055
X4	0.365	0.158	0.842
X8	1.585	0.985	2.550
X9	1.966	1.132	3.413
X10	1.845	1.381	2.467

　　（1）受访者的年龄。从计量结果可以看出，在其他影响因素不变的情况下，年龄对扶贫政策的满意度具有正向影响，农村贫困人口对扶贫政策的满意度随着年龄的增加而提高。年龄每增加一岁，其对农村扶贫政策的满意程度就会增加 3.8%。在 308 位受访者中，29 岁及以下年龄段的农村人口中有 40.91% 的人对扶贫政策的表示满意，在 4 个年龄段中其满意度最低，而 60 岁及以上年龄段的农村人口中 81.25% 的人对扶贫政策表示满意，满意程度最高，不满意程度最低（表 6-11）。这是因为 60 岁以上老年人，其自身赚取收入的能力减弱，更多地依赖子女来养老或由社会养老。但由于贫困农村地区经济条件落后，子女受教育程度较低，因此，子女的收入来源极为有限，家庭的经济负担较重，故而老年人依靠家庭养老较为困难。在此情况下，社会养老体

制的完善、扶贫补贴的发放为老年人生活条件的改善提供了良好的经济基础，故而其对扶贫政策的满意度较高。

表6-11   不同年龄段贫困地区农村人口对政策的满意度情况

年龄阶段	满意程度/%		
	满意	谈不上满意还是不满意	不满意
29 岁及以下	40.91	45.45	13.64
30 ~ 49 岁	51.59	22.22	26.19
50 ~ 59 岁	61.25	16.25	22.5
60 岁及以上	81.25	7.5	11.25

资料来源：根据课题组问卷调查数据整理而成。

（2）是否有何种信仰。从计量结果可以看出，在其他因素不变的情况下，无信仰的人较有信仰的人对扶贫政策的满意度更高。但有信仰的人所占比例较低，在受访的308位农村人口中，93.2%的人回答自己无信仰，6.8%的人回答自己有信仰，而这部分人信佛。无信仰的受访者中，62.72%的农村人口对扶贫政策表示满意，19.51%的农村人口对扶贫政策表示不满意；有信仰的受访者中，38.10%的农村人口对扶贫政策表示满意，33.33%的农村人口对扶贫政策表示不满意（表6-12）。

表6-12   有无信仰影响贫困地区农村人口对扶贫政策的满意度情况

有无信仰	满意程度/%		
	满意	谈不上满意还是不满意	不满意
无信仰	62.72	17.77	19.51
有信仰	38.10	28.57	33.33

资料来源：根据课题组问卷调查数据整理而成。

（3）是否了解扶贫开发政策。从计量结果可以看出，在其他因素不变的情况下，对扶贫政策有一定了解的农村人口对扶贫开发政策的满意度较高。了解扶贫开发政策的农村人口对政策的满意度比不了解扶贫开发政策的农村人口对扶贫政策的满意度高出58.5%。在了解扶贫政策的受访者中，70.37%的人表示对政策效果满意，而在不了解扶贫政策的受访者中，56%的人对政策效果表示不满意（表6-13）。而课题组在调查中了解到，大部分农村人口对国家实行的扶贫政策不太了解。在调查的308位农村人口中，仅有35.1%的人表示了解扶贫开发政策，而有64.9%的人表示不了解扶贫开发政策，可见，了解扶贫开发政策的人所占比例较低。由此出现了扶贫政策的宣传不到位导致农村人口对扶贫政策效果满意程度降低。

表 6-13   农村人口对是否了解政策对政策效果的满意度情况

是否了解政策	满意程度/%		
	满意	谈不上满意还是不满意	不满意
了解	70.37	15.74	13.89
不了解	56.00	20.00	24.00

资料来源：根据课题组问卷调查数据整理而成。

（4）家庭收入是否受到农业扶贫开发政策的巨大影响。在其他因素不变的情况下，认为家庭收入受到扶贫政策影响的调查者比认为没有受到政策影响的调查者对扶贫政策的满意度要高出 96.6%。308 位受访者中，77.9% 的人认为其家庭收入没有受到农村扶贫开发政策的巨大影响，仅有 22.1% 的受访者认为农村扶贫开发政策对其家庭收入有巨大的影响。其中，贫困的农村居民家庭收入受到扶贫开发政策的影响较大，有 31.78% 的贫困受访者认为农村扶贫政策对其家庭收入的影响较大，而与此同时，中等收入的受访者中仅有 16.56%、高收入者的受访者中仅有 15.91% 的人表示家庭收入受农业扶贫开发政策影响较大。由此可见，扶贫开发政策的作用对象较为明确，扶贫措施具有针对性，但作用的效果有待进一步提高。

（5）扶贫开发政策对收入不平等的作用。从计量结果可以看出，在其他因素不变的情况下，认为扶贫开发政策对收入不平等有影响的人比认为没有影响的人对扶贫政策的满意程度高出 84.5%。在受访者中，42.5% 的受访者倾向于认为扶贫开发政策对收入不平等没有起到作用，甚至有 5.2% 的受访者认为扶贫开发政策在一定程度上扩大了收入差距，而仅有 36.4% 的受访者认为扶贫开发政策对收入不平等有一些作用。

四、结   论

课题组对湖北省英山县 308 位农村人口进行了问卷调查，调查结果显示，在性别、年龄、受教育年限、有无何种信仰、是否担任村干部、2011 年获得的扶贫资金、认为自己的家庭收入在当地的水平、是否了解扶贫开发政策和家庭收入是否受到扶贫开发政策的巨大影响等指标作为影响农村人口对扶贫政策满意度的分析中，受访者的年龄、是否了解扶贫开发政策、家庭收入是否受到扶贫开发政策的巨大影响以及扶贫开发政策对收入不平等的作用等因素对农村人口关于扶贫政策的满意度均有显著的正向影响。

基于计量分析结果，为了进一步提高贫困村整村推进综合开发扶贫政策的效果，提高农村人口尤其是贫困地区的人口对贫困村整村推进综合开发扶贫政策的满意程度，应该从以下几个方面着手开展工作。

（1）努力为农村人口尤其是贫困地区的农村人口提供良好的教育、医疗和养老保障措施，为其生产、生活创造较好的条件，提高其生活质量，营造良好的社区生活氛围，提高其生活的满意程度。

（2）加大贫困村整村推进综合开发扶贫政策的宣传力度。各级政府应把各项扶贫政策的具体内容和执行标准及时向广大农民宣传，在宣传扶贫政策时，要确保政策信息的公开透明，确保政策信息传播的全面客观，提高农村人口对贫困村整村推进综合开发扶贫政策的知晓度，让农村人口对于扶贫政策有正确而全面的认识，从而尽量避免因对政策认识偏差而引起的对扶贫政策的负面认识。同时提高农村人口参与扶贫工作的积极性，使扶贫工作的帮扶对象更具有代表性，确保扶贫政策能够有效地执行，以期进一步提高农村人口对扶贫政策的满意度。

（3）继续按照有利于贫困地区农村人口尤其是农村贫困人口的导向，积极推进贫困村整村推进综合开发扶贫政策。在实地调查中，针对目前的扶贫政策，受访者提出了一些较好的政策改进建议：低保分配制度应公开、透明、公平，要真正地向家有智力障碍、身体残疾等情况经济困难的家庭倾斜，加大对农村因病致贫家庭的扶持，真正缩小收入的不平等程度；加快贫困地区农村的道路硬化工程的实施，改善山区交通不便利的现状；对贫困地区尤其是位于边远山区的农村贫困地区，要进一步实施扶持倾斜政策和各种优惠措施，如实施信贷扶持、简化信贷手续，积极扶持当地的农业产业发展，通过产业化帮扶，带动农民增收，促进贫困的农村地区得以快速发展。

参 考 文 献

阿马蒂亚·森. 2009. 以自由看待发展. 任赜, 于真, 译. 北京：中国人民大学出版社.

王宏杰, 李东岳. 2013. 贫困地区农村居民对扶贫政策的满意度分析. 华南农业大学学报（社会科学版），(2)：44-49.

约翰·罗尔斯. 2011. 正义论. 何怀宏, 何包钢, 廖申白, 等译. 北京：中国社会科学出版社.

张杰. 2011-10-13. 湖北省农村扶贫开发实践与成效. 中国—东盟农村扶贫政策与实践研修班上的讲座.

Coate S. 1997. Welfare economics and the evaluation of policy changes. PIER Working Paper 97-040：1-25.

Diener E. 1984. Subjective well-being. Psychology Bulletin, 95 (3)：542-575.

Fan H S, Hazell P. 2001. Returns to public investments in the less-favored areas of India and China. American Journal of Agricultural Economics, 83 (5)：1217-1222.

Fan S G, Zhang L X, Zhang X B. 2004. Reforms, investment, and poverty in rural China. Economic Development and Cultural Change, January, 52 (2): 395-421.

Gao Q, Garfinkel I, Zhai F H. 2009. Anti-poverty effectiveness of the minimum living standard assistance policy in urban China. Review of Income and Wealth, 55: 630-655.

Meng X, Gregory R, Wan G H. 2007. Urban poverty in China and its contributing factors, 1986-2000. Income and Wealth 53 (1): 167-189.

Rojas M. 2007. The complexity of well-being: A life satisfaction conception and a domains-of-life approach. Paper for the International Workshop on Researching Well-being in Developing Countries: 1-25.

Rojas M. 2008. Experienced poverty and income poverty in Mexico: A subjective well-being approach. World Development, 36 (6): 1078-1093.

第七章
贫困地区农村人口对农业产业化扶贫政策的满意度分析
——基于湖北省松滋市 208 位农村人口的调查

埃里克·S. 赖纳特（2007）指出，在国家层面上，贫穷国和富裕国之间的经济状况显著不同，这是因为各国占主导地位的经济活动不同，而这种不同的经济活动之所以会造成国与国之间有较大的贫富差距，主要是主导的产业是完全竞争还是不完全竞争，是呈现出报酬递减趋势还是呈现报酬递增趋势。在地区层面上，这样的经济活动同样可以解释为何不同地理区域存在着较大的贫富差距。一般而言，农业生产领域更多表现为完全竞争和报酬递减的趋势，而工业化领域则体现的是不完全竞争和报酬递增趋势。除此之外，众多的农业经济学者就农业领域的低收入问题基本达成了共识：农产品的需求价格弹性小，农业领域趋于完全竞争市场，农民较难从农业生产中获得较高的利润，利润较多的为非农产业获得，仅仅进行农业生产经营难以为农民带来较高的收入。由众多的研究文献可以得出，提高农村人口收入从而彻底摆脱贫困的主要途径应该是在农业生产领域之外，即在非农产业的领域寻找更多更好的机会。

关于非农产业带动农村人口增收的问题，Fan 等（2004）曾使用 1953～2000 年省级层面数据，对不同类型的政府支出为中国经济的增长和农村贫困的减缓所起到的作用进行了评估。研究结果表明，减贫的收益主要源于非农领域的就业以及非农就业带来的收入增加。

产业化对农村人口增加收入、缓解贫困具有极为重要的作用，这一研究的理论在中国的发展实践中得到了证实。中国农村居民收入来源显示，上海市、浙江省等富裕的省份与贵州省、甘肃省等较贫困的省份相比较，农村居民家庭年人均纯收入的来源存在着较大的差距。农村居民收入由四部分构成，即工资性纯收入、家庭经营纯收入、财产性收入和转移性收入。其中，工资性纯收入和家庭经营纯收入是农村居民收入的主要来源，两者之和占总收入的近90%，而两者的差距是造成贫困地区和富裕地区农村居民收入差距的主要原因。2012年，农村居民家庭人均纯收入较高的上海、浙江，其人均工资性纯收入均远高于人均家庭经营纯收入，上海市农村居民家庭人均工资性纯收入是人均家庭经营纯收入的12.72倍，浙江省农村居民家庭人均工资性纯收入是人均家庭经营纯收入的1.45倍。而中西部农村居民收入较低的贵州省、甘肃省和湖北省农村居民家庭人均工资性收入则要低于其家庭经营纯收入，贵州省农村居民家庭人均工资性纯收入是人均家庭经营纯收入的87.93%，甘肃省农村居民家庭人均工资性纯收入是人均家庭经营纯收入的84.53%，湖北省农村居民家庭人均工资性纯收入是人均家庭经营纯收入的77.36%。另外，富裕省份的农村居民家庭纯收入来自工资收入的部分要远高于较贫困的省份，如上海市农村居民家庭的人均工资性收入是甘肃省农村居民家庭人均工资性收入的6.42倍（表7-1）。由此可见，富裕省份农村居民工资性收入较高，而较高的工资性收入是非农产业的发展吸引了当地较多的农村居民进入非农行业就业，从而享受到非农产业的高利润的成果，能够得以脱贫致富。

表7-1　2012年中国农村居民家庭年人均纯收入及构成 （单位：元）

省份	农村居民家庭人均纯收入	农村居民家庭人均工资性纯收入	农村居民家庭人均家庭经营纯收入
全国	7 916.6	3 447.5	3 533.4
上海市	17 803.70	11 477.70	902.6
浙江省	14 551.90	7 678.20	5 291.40
贵州省	4 753.00	1 977.70	2 249.20
甘肃省	4 506.70	1 787.70	2 114.80
湖北省	7 851.70	3 189.80	4 123.50

资料来源：中华人民共和国国家统计局年度数据，2002～2012年；http://219.235.129.58/report-YearQuery.do? id=0800&r=0.5972805697936728。

在这种理论观点的支撑下，进入21世纪以来，中国政府积极采取农业产业化的扶贫政策，农业产业化扶贫政策是指政府根据市场导向，选择一种有经济效益的产业，通过组织有实力的企业带动农村居民发展该产业。为了调动企业参与产业扶贫项目的积极性，政府给这些有实力的企业提供政策上的优惠，如为其提供扶贫贴息贷款、提供税收优惠、优化环境支持等多方面良好的扶持措施。与此同时，企业则为农村人口提供技术与销售以及生产资料方面的帮扶，通过这种扶助方式，延长了农业生产的产业链，使得农村人口能够享受到农业产业化报酬递增带来的收入增加，从而帮助贫困地区的农村人口脱贫致富。

从政策的制定者和执行者的视角来看，农业产业化扶贫政策主要有三个特点：第一个特点是其帮扶效果具有持久性与长效性。农村人口脱贫致富主要有两种方式，一种方式是政府的救济，政府为贫困的农村人口提供现金和食物的帮助，从而使其暂时摆脱贫困；另一种方式是帮助贫困的农村人口不断提高自身能力，从而增加收入，最终达到长久的脱贫致富的目的，这是政府最希望能够解决农村地区贫困问题的方式。农业产业化扶贫政策就是通过带动贫困地区的农村人口发展农业产业，在发展产业的过程中提高农民致富的能力，这种增收能力能够让贫困的农村人口彻底摆脱贫困，扶贫措施具有持久性和长效性。第二个特点是辐射面大。相对于贫困村整村推进综合开发政策而言，农业产业化扶贫政策辐射面较广，无论是贫困村的贫困农村人口还是非贫困村的贫困农村人口均可受益。以湖北省松滋市为例，全市35个贫困村，这些贫困村的农村人口可以享受到贫困村整村推进综合开发政策带来的实惠，但非贫困村同样存在着贫困人口，这些村的贫困农村人口则难以享受到贫困村整村推进综合开发政策带来的优惠条件，从而无法通过整村推进综合开发政策的带动达到脱贫目的。而农业产业化扶贫政策则能够辐射到这些非贫困村的贫困人口，为其提供了一条非常适宜的脱贫道路。第三个特点是不会为各级政府带来沉重的财政负担。无论贫困村整村推进综合开发政策、"雨露计划"转移培训扶贫政策还是扶贫搬迁易地开发政策，都需要各级政府提供大量的资金支持，因此，各级政府的财政负担较重。而农业产业化扶贫模式只需要政府更多地提供优惠的政策措施，通过优惠的政策条件促进龙头企业参与扶贫的积极性和主动性，从而带动贫困农村人口增收，各级政府在财政负担相对较轻的情况下缓解了贫困问题。由此可见，在政策的制定者和执行者来看，农业产业化扶贫政策是一个极为理想的扶贫措施。

那么，农业产业化扶贫政策的作用对象如何看待该政策呢？政策作用对象对政策效果的满意程度是衡量政策效果好坏的重要方法之一。鉴于社会中"最不利者"——贫困地区的农村人口是该政策的最终作用对象，其对于该政策的效果有着最为直接的感受，因此，了解这部分人口对农业产业化扶贫政策效果的看法，对于进一步完善更加有利于社会中"最不利者"的农业产业化的扶贫政策有着极为重要的作用。为了深入地了解农业产业化扶贫政策的效果，课题组成员对湖北省扶贫开发办公室、湖北省松滋市扶贫开发办公室以及湖北省松滋市参与了农业产业化扶贫项目的部分农村人口进行了调查访谈，从而能够更好地从政策的执行者——政府部门和政策的作用对象——贫困地区农村人口的视角来分析农业产业化扶贫政策的效果。

一、湖北省松滋市农业产业化扶贫政策实施的基本情况

进入 21 世纪，湖北省积极贯彻执行农业产业化的扶贫政策，通过发展壮大农业产业化龙头企业、大规模建设特色农业基地、扶持农村人口发展农业生产等多种措施来促进贫困地区农业产业化发展。截至 2010 年，湖北省认定了农业产业化扶贫龙头企业 113 家，并出台了相应的优惠政策来扶持这些企业的快速发展。2010 年，湖北省还在贫困地区建成了 1800 多万亩有地方特色的农业基地，包括大别山区的板栗、茶叶、中药材生产基地，秦巴山区的魔芋、黄姜、柑橘、食用菌、核桃生产基地等，全部特色农业产业基地覆盖了 80% 以上的贫困乡村和农户①，形成了区域性的产业布局。

湖北省松滋市则从 2006 年起推行农业产业化扶贫政策，在政策实施的初期，农业产业化扶贫的模式主要是由当地农村人口自行组成专业合作社，政府农业部门则对其给予有关的技术指导。随着农业产业化扶贫政策的深入推进，松滋市农业产业化扶贫逐渐演变为政府扶持、龙头企业带动及农民积极参与的新模式。目前，松滋市农业产业化扶贫政策的实施已从局部探索阶段进入到全面推广阶段，农业产业化扶贫规模的不断扩大，扶贫领域的不断拓宽，成为了松滋市主导的农村扶贫政策。松滋市扶贫开发办会室的统计资料表明，2007 ～ 2012 年底，松滋市累计投入 8852 万元资金用于农业产业化扶贫，其中财政资金 1023 万元，占总投入资金的 12%，龙头企业扶贫项目贷款 4520 万元，占总投入资金的 51%，农户小额贷款 3309 万元，占总投入资金的 37%（图 7-1）。至 2012 年年底，松滋市产业化经营组织已发展到 63 个（其中，农业龙头企业带动型的经营组织 33 个，中介组织劳动型的经营组织 20 个，专业市场劳动型的经营组织 5 个，专业市场带动型的经营组织 3 个，专业大户带动型的经营组织 2 个），经营内容主要涉及花卉苗木、粮油、农副产品、农机具等领域。至 2012 年年底，松滋市农业产业化经营组织拥有固定资金 3.23 亿元，全市龙头企业、中介组织实现销售收入达 8.6 亿元，创汇 800 万美元，实现利税收入 400 余万元，各类农业产业化经营组织带动全市 1.2 万户农村家庭收入增加，平均每户每年增收 2800 多元。其中，农业龙头企业吸纳就业的农村贫困人口有 3000 多人，带动了农户收入增长，平均每户每年增收达 3216 元。通过产业化扶贫政策，松滋市有 1.2 万农村贫困人口得以脱贫致富。

---

① 张杰.2011. 湖北省农村扶贫开发实践与成效. 中国—东盟农村扶贫政策与实践研修班上的讲座.

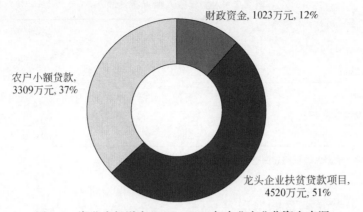

财政资金, 1023万元, 12%

农户小额贷款,
3309万元, 37%

龙头企业扶贫贷款项目,
4520万元, 51%

图7-1　湖北省松滋市 2007～2012 年农业产业化资金来源

资料来源：湖北省松滋市扶贫办。

二、调查对象的基本情况

为了了解农业产业化扶贫开发政策执行的效果，课题组成员于 2012 年 10～12 月对湖北省松滋市 16 个乡镇 90 个村庄 252 个来自不同家庭的农村人口就农业产业化扶贫政策的效果问题进行了实地调查。本次调查共回收问卷 252 份，其中，有效份数 208 份，问卷有效率 82.54%。调查对象中，93% 的受访者享受到了农业产业化扶贫政策的帮助。

按照阿马蒂亚·森的多维贫困的观点及 MPAT 的多维贫困的观点和衡量指标，本书从收入情况、身体状况、教育文化状况等多个方面来分析农业产业化扶贫政策调查对象的基本情况。

（一）受访者的收入情况

按照中国 2011 年 11 月 29 日公布的人均纯收入 2300 元的贫困线标准，并结合当地具体的收入实际，将受访者按收入标准进行了划分，当地家庭人均纯收入在 2300～8000 元的调查对象属于中等收入群体（表7-2）。在 208 个调查对象中，85.58% 的受访者处于贫困线以下，14.42% 的受访者为中等收入者。较低的收入使得农村人口尤其是贫困地区的农村贫困人口的正常生活在一定程度上受到了影响，17.79% 的受访者表示，其家庭近五年曾出现过入不敷出的情况。

表 7-2　人均年收入情况统计表

收入范围	人数/人	比例/%
收入贫困 $Y \leqslant 2300$	178	85.58
中等收入 $2300 < Y \leqslant 8000$	30	14.42
合计	208	100.00

资料来源：根据课题组问卷调查数据整理而成。

（二）受访者受教育的情况

贫困地区农村人口受教育的程度较低，在 208 个调查对象中，受教育年限在 0 ~ 6 年的受访者占 39.42%，受教育年限在 7 ~ 9 年的占 60.10%，受教育年限达到 10 年的仅占 0.48%（表 7-3）。受教育程度与其收入水平有一定的关系，一般而言，受教育程度越高，则收入水平越高。受教育程度低的劳动者由于在竞争激烈的劳动力市场中处于劣势，较难获得工作机会尤其是高收入的工作机会。在 208 个调查对象中，10.58% 的受访者表示家中存在由于支付不起学费而辍学的情况。收入水平低在一定程度上影响了贫困人口受教育程度，而文化程度较低，又反过来影响了其收入的增加。

表 7-3　受访者接受教育年限情况统计表

受教育年限	人数/人	比例/%
0 ~ 6 年	82	39.42
7 ~ 9 年	125	60.10
10 年及以上	1	0.48
合计	208	100.00

资料来源：根据课题组问卷调查数据整理而成。

（三）受访者家庭成员的身体状况

相对而言，贫困地区农村家庭成员的身体状况较差，身体不健康使得患病的农村人口难以承担一定的工作，从而严重地影响了其收入水平的提高，同时，身体不健康往往需要一定的医疗支出。在调查的 208 位农村人口中，有 28.85% 的受访者表示家中因有成员生病造成开支较多。因此，身体的不健康在收入减少甚至没有收入的情况下，反而比身体健康的人需要额外的医疗开支，从而造成家有病人的农村家庭陷入贫困的生活状况中。

三、农业产业化扶贫政策的运行情况

(一) 农村人口对"农业产业化扶贫政策"的知晓情况

为了了解农村人口对农业产业化扶贫政策的认知情况，课题组在调查中涉及了一个单项的问题，即"您是否了解农业产业化扶贫政策？A 了解；B 不了解"。

表7-4 列出了不同回答的人数占总调查人数的比例。数据显示，在所有受访的 208 位农村人口中，有95.19%的人认为自己"了解农业产业化扶贫政策"，而仅有4.81%的人认为自己"不了解农业产业化扶贫政策"。可见，受访的农村人口对农业产业化扶贫开发政策的知晓程度较高。

表7-4　对"农业产业化扶贫"政策知晓率

是否了解	了解	不了解
知晓率/%	95.19	4.81

资料来源：根据课题组问卷调查数据整理而成。

(二) 农村人口对"农业产业化扶贫政策"的满意度

为了了解贫困地区农村人口对农业产业化扶贫政策的满意程度，课题组在调查问卷中提出了一个单项的问题，即"您对目前农业产业化扶贫政策是否满意？A 非常不满意；B 比较不满意；C 一般；D 比较满意；E 非常满意"。

208 位受访者中，有203 人对该问题给出了明确答复，另有 5 人未做出答复。表7-5 列出了203 位受访者中不同回答的人数占总受访者人数的比例。数据显示，所有做出回答的受访农村人口中，仅有 1.97% 的人表示对农业产业化扶贫政策"非常满意"，有14.29% 的人表示"比较满意"，17.24% 的人表示"比较不满意"，0.98% 的人表示"非常不满意"，而65.52% 的人表示满意度"一般"（表7-5）。可见受访的农村人口对农业产业化扶贫政策的满意程度并不理想。

表 7-5　农业产业化扶贫政策满意率

满意程度	非常满意	比较满意	一般	比较不满意	非常不满意
所占比率/%	1.97	14.29	65.52	17.24	0.98

资料来源：根据课题组问卷调查数据整理而成。

四、影响贫困地区农村人口对农业产业化扶贫政策的满意程度高低的因素分析

(一) 变量说明

本书采用社会满足程度评估标准[1]对农业产业化扶贫政策的效果进行评估，即通过贫困地区农村人口对农业产业化扶贫政策的满意度来进行分析。这里以贫困地区农村人口对农业产业化扶贫政策的满意度作为因变量 (Y)，以性别 ($X1$)、年龄 ($X2$)、受教育年限 ($X3$)、享受政策后家庭收入的增加额 ($X4$)、农业产业化扶贫政策对收入的影响 ($X5$)、农业产业化扶贫政策对收入不平等的改善效果 ($X6$) 作为影响因素，建立了 Logistic 回归评估函数 $Y = F (X1, X2, \cdots, X6)$，进行实证分析，具体变量及变量赋值见表 7-6。

表 7-6　变量名称及变量赋值表

变量名称	变量符号	变量赋值
对扶贫政策的满意度	Y	1 = 非常不满意；2 = 比较不满意；3 = 一般；4 = 比较满意；5 = 非常满意
性别	$X1$	1 = 女；2 = 男
年龄	$X2$	实际的年龄
受教育年限	$X3$	实际受教育的年限
扶贫后家庭收入增加的金额	$X4$	≤1000 = 1；≤2000 = 2；≤3000 = 3；≤4000 = 4；其他赋值 = 5

① Gao Q, Garfinkel I, Zhai F H. 2009. Anti-poverty effectiveness of the minimum living standard assistance policy in urban China. Review of Income and Wealth, 55：630-655.

Rojas M. 2007. The complexity of well-being: A life satisfaction conception and a domains-of-life approach. Paper for the International Workshop on Researching Well-being in Developing Countries：1-25.

Meng X, Gregory R, Wan G H. 2007. Urban poverty in China and its contributing factors, 1986-2000. Income and Wealth, 53 (1)：167-189.

Coate S. 1997. Welfare economics and the evaluation of policy changes. PIER Working Paper 97-040：1-25.

变量名称	变量符号	变量赋值
产业化扶贫政策对收入影响的大小	$X5$	1＝没影响；2＝有一些影响；3＝影响非常大
产业化扶贫政策对收入不平等的改善效果	$X6$	1＝不平等程度拉大了；2＝没作用；3＝作用不明显；4＝有一些作用；5＝非常大

(二) 计量分析

按照设定的因变量与自变量，通过 Logistic 逐步回归分析，在90%显著水平的情况下进入模型之中的变量依次为 $X6$、$X3$，故将变量 $X6$、$X3$ 引入方程 (表7-7)，由于其他变量在本回归分析中不显著，因此没有纳入方程。

表7-7　变量逐步筛选过程分析

Step	Entered Effect	DF	Score Chi-Square	Pr>ChiSq
1	$X6$	1	8.063 1	0.004 5
2	$X3$	1	7.675 9	0.005 6

通过进行最大似然估计，得到参数检验的结果。由最大似然估计分析的结果可以看出，自变量 $X3$ ($p=0.0053$)、$X6$ ($p=0.0003$) 的回归系数在90%的水平上显著 (表7-8)。

表7-8　最大似然估计

Parameter	DF	Estimate	Standard Error	Chi-Square	Pr>ChiSq
Intercept	1	−7.216 1	1.039 4	48.195 2	<0.000 1
Intercept2	1	−5.012 3	0.914 5	30.039 4	<0.000 1
Intercept3	1	−1.627 9	0.802 3	4.116 9	0.042 5
Intercept4	1	1.312 1	1.031 1	1.619 4	0.203 2
$X3$	1	0.196 4	0.070 4	7.777 1	0.005 3
$X6$	1	0.748 7	0.205 0	13.336 9	0.000 3

通过进行 OR 分析，得到的结果见表7-9。从该表可以看出，受教育年限、农业产业化扶贫政策对收入不平等程度改善的效果两个因素与松滋市农村贫困人口对农业产业化扶贫政策的满意度呈现显著的正向相关性。

表 7-9　OR 分析

Effect	Point Estimate	95% Wald	Confidence Limits
X3	1.217	1.060	1.060
X6	2.114	1.415	1.415

(三) 结果与讨论

(1) 受教育年限。从计量结果可以看出，农村贫困人口对农业产业化扶贫政策的满意程度随着受教育年限的增加而提高。在其他因素不变的情况下，随着受教育年限每增加一年，农村贫困人口对农业产业化扶贫政策的满意度就会增加 21.7%。这是因为随着教育年限的增加，农村人口有能力更多地参与到产业链中去，因此，收入来源渠道拓宽，收入水平提高。在此情况下，他们对农业产业化扶贫政策自然也就具有较高的满意度。

(2) 农业产业化扶贫政策对收入不平等程度的改善效果。从计量结果可以看出，在其他因素不变的情况下，认为农业产业化扶贫开发政策对收入不平等有影响的人比认为没有影响的人对农业产业化扶贫政策的满意度要高出 1.114 倍。在 208 位受访者中，34.54% 的受访者倾向于认为农业产业化扶贫政策对收入不平等没有起到缓解作用，甚至有 17.01% 的受访者认为农业产业化扶贫政策在一定程度上扩大了收入差距，而绝大多数（62.89%）的受访者认为农业产业化扶贫政策对收入不平等有一些作用。

五、结　论

课题组对湖北省松滋市 208 位农村人口进行了问卷调查，调查对象中，93% 的受访者享受到了农业产业化扶贫政策的帮助。调查结果显示，在性别、年龄、受教育年限、享受政策后家庭收入的增加额、农业产业化扶贫政策对收入的影响、农业产业化扶贫政策对收入不平等的改善效果等因素中，受教育年限、农业产业化扶贫政策对收入不平等程度改善的效果两个因素与松滋市农村贫困人口对农业产业化扶贫政策的满意度呈现显著的正向相关性。

有鉴于此，为了进一步提高农业产业化扶贫政策的效果，提高农村人口尤其是贫困地区的农村人口对农业产业化扶贫政策的满意程度，应该从以下两个方面着手开展工作。

(1) 进一步提高农村地区尤其是贫困地区农村的教育质量，为农村人口尤其是贫困地区农村人口提供平等的受教育机会和更高的教育水平，增强农村人口自身实力，提高其就业竞争力，从而增加收入。

（2）继续加强贫困地区农业产业化建设工作。依托贫困地区的特色优势，扶持贫困地区农业产业化发展，从而吸收更多的贫困人口就业，带动贫困人口脱贫致富，缩小贫困人口和富裕人口之间的收入差距。

参 考 文 献

阿马蒂亚·森. 2009. 以自由看待发展. 任赜，于真，译. 北京：中国人民大学出版社.

埃里克·S. 赖纳特. 2010. 富国为什么富，穷国为什么穷. 杨虎涛，陈国涛，等译. 北京：中国人民大学出版社.

王宏杰，冯海峰，李东岳. 2015. 贫困地区农村人口对农业产业化扶贫政策的满意度分析——基于湖北省松滋市 208 位农村居民的调查. 老区建设，（8）：14-19.

王宏杰，李东岳. 2013. 贫困地区农村居民对扶贫政策的满意度分析. 华南农业大学学报（社会科学版），（2）：44-49.

张杰. 2011-10-13. 湖北省农村扶贫开发实践与成效. 中国—东盟农村扶贫政策与实践研修班上的讲座.

Coate S. 1997. Welfare economics and the evaluation of policy changes. PIER Working Paper 97-040：1-25.

Diener E. 1984. Subjective well-being. Psychology Bulletin, 95（3）：542-575.

Fan S G, Zhang L X, Zhang X B. 2004. Reforms, investment, and poverty in rural China. Economic Development and Cultural Change, 52（2）：395-421.

Gao Q, Garfinkel I, Zhai F H. 2009. Anti-poverty effectiveness of the minmum living standard assistance policy in urban China. Review of Income and Wealth, 55：630-655.

Meng X, Gregory R, Wan G H. 2007. Urban poverty in China and its contributing factors, 1986-2000. Income and Wealth, 53（1）：167-189.

Rojas M. 2007. The complexity of well-being：A life satisfaction conception and a domains-of-life approach. Paper for the International Workshop on Researching Well-being in Developing Countries：1-25.

Rojas M. 2008. Experienced poverty and income poverty in Mexico：A subjective well-being approach. World Development, 36（6）：1078-1093.

第八章
贫困地区农村人口对"雨露计划"转移培训扶贫政策的满意度分析
——基于湖北省松滋市 241 位农村人口的调查

　　经济学的研究结论和社会现实都表明，在施行市场经济的国家，高技能工人与低技能工人之间存在着收入差距，且差距一直在扩大。对于这种现象，新古典经济学理论认为，收入分配取决于劳动者个人的劳动生产率，几乎没有接受过培训的低技能工人，其劳动生产率低下，而接受过高水平培训的高技能工人，其劳动生产率则较高，因此，高技能的工人得到的收入回报也相对较高（Rauhut，et al.，2006）。

　　为了缓解贫困问题，赫克歇尔提出要实现真正的自由，要提供免费的教育来减少人们生命初期的贫困对今后的影响，提供职业技能培训来提升劳动力价值和提供劳动就业服务等（Rauhut et al.，2006）。

　　关于教育对减贫的作用，Fan 等（2000）也曾使用 1970～1997 年省级层面的数据对不同类型的政府支出对中国经济的增长和农村贫困所起到的作用进行了评估。研究结果表明，在政府的所有公共支出的项目中，教育投入对减贫的作用最大。对全国而言，如果将一万元投入到农村电话的建设中，可以帮助 4.02 个农村贫困人口脱贫，每万元投入到道路的建设中，可帮助 2.96 个农村贫困人口脱贫，每万元投入到电力的建设中，可帮助 2.92 个农村贫困人口脱贫，而将一万元投入到教育中，则会帮助 6.30 个农村贫困人口摆脱贫困，而这种减贫的效果在沿海地区、中部地区和西部地区三类地区表现出明显的不同。同等的教育投入数量对西部地区的减贫效果最为明显，对沿海地区的减贫效果最小。例如，每万元投入到西部地区的教育中，可以帮助 21.09 个农村贫困人口摆脱贫困，每万元投入到中部地区的教育中，可以帮助 5.35 个贫困人口摆脱贫困，每万元投入到沿海地区的教育中，仅可以帮助 1.79 个贫困人口摆脱贫困。另外，教育投入对农业产出的回报也较高，每投入一元到教育中，可以获得 6.68 元的回报，仅次于将资金投入到研发对农业产出带来的回报（表 8-1）。

表 8-1　中国农村地区公共投资的边际回报及减贫情况

投资		沿海地区	中部地区	西部地区	中国
对农业产出的回报（每一元投入获得的回报元数）	R&D	7.33	8.53	9.23	7.97
	灌溉	1.40	0.98	0.93	1.15
	道路	3.69	6.90	6.71	4.91
	教育	6.06	8.45	6.20	6.68
	电力	3.67	4.89	3.33	3.90
	农村电话	4.14	8.05	6.57	5.29
减贫收益（每万元投入减少的贫困人数）	R&D	0.97	2.42	14.03	3.36
	灌溉	0.15	0.23	1.14	0.39
	道路	0.70	2.80	14.60	2.96
	教育	1.79	5.35	21.09	6.30
	电力	0.92	2.64	9.62	2.92
	农村电话	0.98	4.11	17.99	4.02

资料来源：Fan et al., 2000

Fan 等（2004）再次对 2000 年公共投入对中国经济的增长和农村贫困所起到的作用进行了评估，这次的分析再一次表明，教育投入对减贫起着非常大的作用。对全国而言，每万元投入到教育中，可以帮助 11.88 个贫困人口摆脱贫困，且这种减贫的效果在沿海地区、中部地区和西部地区三类地区表现出明显的不同。同等的教育投入数量对西部地区的减贫效果最为明显，对沿海地区的减贫效果最小。对西部地区而言，每万元投入到教育中，可以帮助 18.93 个贫困人口摆脱贫困，对中部地区而言，每万元投入到教育中，可以帮助 13.90 个贫困人口摆脱贫困，对沿海地区而言，每万元投入到教育中，可以帮助 5.03 个贫困人口摆脱贫困。教育投入带来的减贫效果要远高于将同等经费投入到农村道路修建、农村电话开通、农村电力的修建等方面带来的减贫效果。另外，在政府公共投资的几个领域，教育对非农 GDP 的回报和对农村 GDP 的作用也最大。每投入一元到教育中对非农 GDP 带来的回报是 6.79 元，每投入一元到教育中对农村 GDP 带来的回报是 8.96 元（表 8-2）。

表 8-2　2000 年中国农村地区公共投资的边际回报及减贫情况

投资		沿海地区	中部地区	西部地区	平均值
对农村 GDP 的回报（每投入一元获得的回报元数）	R&D	5.54	6.63	10.19	6.75
	灌溉	1.62	1.11	2.13	1.45
	道路	8.34	6.90	3.39	6.57
	教育	11.98	8.72	4.76	8.96
	电力	3.78	2.82	1.63	2.89
	电话	4.09	4.60	3.81	4.22
对农业 GDP 的回报（每投入一元获得的回报元数）	R&D	5.54	6.63	10.19	6.75
	灌溉	1.62	1.11	2.13	1.45
	道路	1.62	1.74	1.73	1.69
	教育	2.18	2.06	2.33	2.17
	电力	0.81	0.78	0.88	0.82
	电话	1.25	1.75	2.49	1.63
对非农 GDP 的回报（每投入一元获得的回报元数）	道路	6.71	5.16	1.66	4.88
	教育	9.80	6.66	2.43	6.79
	电力	2.96	2.04	0.75	2.07
	电话	2.85	2.85	1.32	2.59
减贫收益（每万元投入减少的贫困人数）	R&D	3.72	12.96	24.03	10.74
	灌溉	1.08	2.16	5.02	2.31
	道路	2.68	8.38	10.03	6.63
	教育	5.03	13.90	18.93	11.88
	电力	2.04	5.71	7.78	4.85
	电话	1.99	8.10	13.94	6.17
	贫困贷款	3.70	3.57	2.40	3.03

资料来源：Fan et al.，2004

教育投入的边际回报及对减贫效果的研究为中国扶持贫困工作的进一步开

展奠定了良好的理论依据，对扶贫政策的进一步完善具有重要的指导意义。在相关理论和实践工作的指导下，进入 21 世纪以来，中国政府积极地采取了"雨露计划"转移培训扶贫项目来缓解贫困问题。"雨露计划"转移培训扶贫是在贫困地区发展职业教育，通过职业技能培训提高贫困地区的农村劳动者的就业素质，帮助其顺利地转移到第二、第三产业工作，进而收入得以提高，贫困状况得以缓解的一项重要举措。"雨露计划"转移培训扶贫政策的制定和实施在一定程度上表明中国扶贫开发工作已经向注重人力资源全面开发的扶贫阶段转变。

从政策的制定者和执行者的视角来看，"雨露计划"转移培训扶贫政策有三个特点：一是培训的技术实用性强。"雨露计划"转移培训项目一般是围绕劳动力市场的需求来进行培训，因此，培训出来的学员基本上可成为劳动力市场上的紧缺人才，能得到用人单位的认可，能够较快就业。二是脱贫致富快。参加"雨露计划"转移培训项目的学员毕业之后，平均月收入一般在 1500 元以上，年务工收入可达 1.8 万元以上[1]。因此，一个家庭只要有一个劳动力参与了"雨露计划"培训项目并顺利就业，这个家庭就可以很快摆脱贫困。三是脱贫致富较为彻底。参加"雨露计划"转移培训项目的学员掌握了一项实用技术后，不但能够迅速脱贫，而且脱贫较为彻底，不易返贫。由此可见，"雨露计划"转移培训扶贫政策在政策的制定者和执行者来看，是一个较为理想的扶贫措施。

政策作用对象对政策效果的满意程度是衡量政策效果好坏的重要标准之一。那么，"雨露计划"转移培训扶贫政策的作用对象如何看待该政策呢？鉴于社会中的"最不利者[2]"——贫困地区的农村人口是该政策的最终作用对象，其对于该政策的效果有着最为直接的感受，因此，了解这部分人口对"雨露计划"转移培训扶贫政策效果的看法，对于进一步完善扶贫政策，制定更加有利于社会中"最不利者"的"雨露计划"转移培训扶贫政策有着极为重要的作用。为了深入地了解"雨露计划"转移培训扶贫政策的效果，课题组对湖北省扶贫开发办公室、湖北省松滋市扶贫开发办公室以及湖北省松滋市部分参与了"雨露计划"转移培训扶贫项目的农村人口进行了调查，从而能够更好地从贫困地区农村人口的视角来了解"雨露计划"转移培训扶贫政策的效果。

---

[1] 张杰. 2011. 湖北省农村扶贫开发实践与成效. 中国—东盟农村扶贫政策与实践研修班上的讲座.

[2] 约翰·罗尔斯. 2011. 正义论. 何怀宏，何包钢，廖申白，等译. 北京：中国社会科学出版社.

一、湖北省松滋市"雨露计划"转移培训
扶贫政策的基本情况

进入 21 世纪，湖北省积极实施"雨露计划"转移培训扶贫政策，以通过转移培训一个人，来达到帮助一个贫困户脱贫的目的。为了鼓励符合条件的人员参加培训，使其不受经济困扰能够专心学习，政府部门对参加培训的人员给予一定的补贴：一般 3～6 月的培训，给参加培训的人员每人补助 600～800元；参加中等职业教育培训的人员，给予每人 1000～1200 元的补助。2004～2010 年，湖北省为了支持"雨露计划"转移培训，共安排 1.88 亿元财政扶贫资金对该项目进行补贴。2004～2010 年，湖北省共培训转移农村贫困劳动力28.5 万人，转移就业的比率保持在 95% 以上，学员平均月工资收入一般在1500 元以上，年务工收入可达 1.8 万元以上。

湖北省松滋市在 2005 年实施"雨露计划"转移培训扶贫政策，松滋市这项扶贫政策主要是针对贫困家庭的"两后生"（即初中毕业未能进入高中学习的贫困学子以及高中毕业未能进入大学继续深造的贫困学子）进行培训。2012年，松滋市建立"雨露计划"培训基地两个，开展农村实用培训讲座 20 多次，228 名农村"两后生"参加了"雨露计划"转移培训项目，学习实用技能，并因参加培训得到了一定的补助，人均享受国家补贴 1000 元。目前，这些学员已经全部顺利就业，且人均月薪达到 2500 元以上。2012 年，松滋市300 多户贫困家庭在"雨露计划"转移培训政策地带动下得以脱贫致富。截至2012 年年底，松滋市累计投入"雨露计划"转移培训补助资金 100 余万元，开展培训讲座 80 余次，完成了 3000 多人的技术培训，成功帮助了 500 多位农村贫困劳动力顺利转移并就业。"雨露计划"转移培训扶贫政策基本实现了培训一人，致富一家，带动一片的良好效果。

二、调查对象的基本情况

为了从政策作用对象的视角了解"雨露计划"转移培训扶贫政策执行的效果，2012 年 10～12 月，课题组深入到湖北省松滋市 16 个乡镇 75 个村庄，对 241 位来自不同家庭的农村人口就其对"雨露计划"转移培训扶贫政策的满意度进行了实地调查。本次调查共发出问卷 241 份，收回 241 份，有效份数241 份，问卷有效率 100%。调查对象全部享受到了"雨露计划"转移培训政策的帮助。

按照阿马蒂亚·森以及 MPAT 的多维贫困的观点和衡量指标，本书从受访者的收入状况、身体状况、教育文化状况等多个方面来分析"雨露计划"转移培训扶贫政策调查对象的基本贫困情况。

（一）受访者的收入情况

按照中国 2011 年 11 月 29 日公布的人均纯收入 2300 元的贫困线标准，并结合当地具体收入的实际情况，对受访者按收入标准进行了划分。将当地家庭人均纯收入在 2300 ~ 8000 元的调查对象划为中等收入群体，将家庭人均纯收入高于 8000 元的调查对象划为高收入群体。在 241 个调查对象中，69% 的受访者处于贫困线以下，29% 的受访者为中等收入者，2% 的受访者为高收入者（表 8-3）。农村人口尤其是农村的贫困人口收入水平较低，而较低的收入状况影响了农村人口正常的生活，15.77% 的受访者表示，近五年自己的家庭曾出现过入不敷出的情况。

表 8-3   人均年收入情况统计表

收入范围	人数/人	比例/%
收入贫困 $Y \leqslant 2300$	167	69
中等收入 $2300 < Y \leqslant 8000$	70	29
高收入 $Y > 8000$	4	2
合计	241	100

资料来源：根据课题组问卷调查数据整理而成。

（二）受访者受教育的情况

受访者受教育程度较低。241 位受访者中，受教育年限在 0 ~ 6 年的受访者占了 33.61%，受教育年限在 7 ~ 9 年的占 64.73%，受教育年限在 10 年及以上的仅占 1.66%（表 8-4）。文化程度较低，在一定程度上影响了贫困地区农村人口收入来源渠道的通畅，从而难以提升收入水平。

表8-4　受访者接受教育年限情况统计表

受教育年限	人数/人	比例/%
0~6年	81	33.61
7~9年	156	64.73
10年及以上	4	1.66
合计	241	100.00

资料来源：根据课题组问卷调查数据整理而成。

(三) 受访者家庭成员的身体状况

相对而言，贫困地区农村人口家庭成员的身体状况较差，部分家庭成员因病不仅难以获得一定的收入来维持基本生活，反而需要一定的医疗支出。在调查的241位农村人口中，有39.42%的受访者表示家里有人生病支出较多。不健康的身体严重影响了农村人口收入水平的提高，但却增加了支出，由此农村人口极易陷入贫困的生活状况中。

三、"雨露计划"转移培训扶贫政策的运行情况

(一) 农村人口对"雨露计划"转移培训扶贫开发政策的知晓情况

为了了解贫困地区农村人口对"雨露计划"转移培训扶贫开发政策的认知情况，课题组在调查中提出了一个单项问题，即"您是否了解该扶贫开发政策？A了解；B不了解"。

表8-5显示了不同回答的人数占总受访者的比例。数据显示，在所有受访的农村人口中，有96.68%的人表示自己"了解'雨露计划'转移培训扶贫开发政策"，而仅有3.32%的人表示自己"不了解'雨露计划'转移培训扶贫开发政策"（表8-5）。可见，受访的农村人口对"雨露计划"转移培训扶贫开发政策的知晓程度较高。

表8-5　对"'雨露计划'转移培训扶贫开发"政策的知晓率

是否了解	了解	不了解
知晓率/%	96.68	3.32

数据来源：根据课题组问卷调查数据整理而成。

(二) 农村人口对"雨露计划"转移培训扶贫开发政策的满意度

为了了解贫困地区农村人口对"雨露计划"转移培训扶贫开发政策的满意程度，调查中提出了一个单项的问题，即"您对目前'雨露计划'转移培训扶贫政策是否满意? A 非常不满意; B 比较不满意; C 一般; D 比较满意; E 非常满意"。

241 位受访者中，有 239 人对该问题进行了明确的回答，另有两人未做出回复。表 8-6 显示了 239 位受访者中，不同回答的人数占总人数的比例。调查数据显示，在所有做出回复的受访农村人口中，仅有 2.93% 的人表示对"雨露计划"转移培训扶贫开发政策"非常满意"，有 4.60% 的人表示"比较满意"，12.97% 的人表示"比较不满意"，1.67% 的人表示"非常不满意"，而77.83% 的人表示满意度"一般"（表 8-6）。可见，受访的农村人口对"雨露计划"转移培训扶贫开发政策的满意程度并不理想。

表 8-6 "雨露计划"转移培训扶贫开发政策满意率

满意程度	非常满意	比较满意	一般	比较不满意	非常不满意
所占比率/%	2.93	4.60	77.83	12.97	1.67

数据来源：根据课题组问卷调查数据整理而成。

四、影响贫困地区农村人口对"雨露计划"转移培训扶贫政策的满意程度高低的因素分析

(一) 变量说明

本书采用社会满足程度评估标准[①]对"雨露计划"转移培训扶贫政策的效果情况进行评估，即通过贫困地区的农村人口对"雨露计划"转移培训

① Gao Q，Garfinkel I，Zhai F H. 2009. Anti-poverty effectiveness of the minimum living standard assistance policy in urban China. Review of Income and Wealth，55：630-655.

Rojas M. 2007. The complexity of well-being: A life satisfaction conception and a domains-of-life approach. Paper for the International Workshop on Researching Well-being in Developing Countries：1-25.

Meng X，Gregory R，Wan G H. 2007. Urban poverty in China and its contributing factors，1986-2000. Income and Wealth，53 (1)：167-189.

Coate S. 1997. Welfare economics and the evaluation of policy changes. PIER Working Paper 97-040：1-25.

扶贫政策的满意度来进行分析。这里以贫困地区农村人口对"雨露计划"转移培训扶贫政策的满意度作为因变量（Y）、性别（$X1$）、年龄（$X2$）、受教育年限（$X3$）、收入在当地的水平（$X4$）、该计划对其就业的作用（$X5$）、"雨露计划"转移培训扶贫政策对收入的影响大小（$X6$）、"雨露计划"转移培训扶贫政策对收入不平等的改善效果（$X7$）作为影响农村人口对"雨露计划"转移培训扶贫政策的满意度的因素，建立 Logistic 回归函数 $Y = F（X1，X2，\cdots，X7）$，进行实证分析，具体的变量名称及变量赋值见表 8-7。

表 8-7　变量名称及变量赋值表

变量名称	变量符号	变量赋值
对扶贫政策的满意度	Y	1＝非常不满意；2＝比较不满意；3＝一般；4＝比较满意；5＝非常满意
性别	$X1$	1＝女；2＝男
年龄	$X2$	实际年龄
受教育年限	$X3$	实际受教育年限
收入在当地的水平	$X4$	1＝低收入；2＝中收入；3＝高收入
该计划对您就业的作用	$X5$	1＝没作用；2＝作用很小；3＝有一些作用；4＝非常大
"雨露计划"转移培训扶贫政策对收入影响大小	$X6$	1＝没影响；2＝有一些影响；3＝影响非常大
"雨露计划"转移培训扶贫政策对收入不平等效果改善	$X7$	1＝不平等程度拉大了；2＝没作用；3＝作用不明显；4＝有一些作用；5＝非常大

（二）计量分析

本文以 Y 为因变量，$X1 \sim X7$ 为自变量进行 Logistic 逐步回归分析。Logistic 逐步回归分析的结果显示，在 90% 显著水平的情况下进入模型之中的变量依次是 $X7$、$X4$，故将变量 $X7$、$X4$ 入方程（表 8-8），其他变量在此回归分析中未表现出显著性，故未被引入方程中。

表 8-8　变量逐步筛选过程分析

Step	Entered Effect	DF	Score Chi-Square	Pr>ChiSq
1	$X7$	1	6.877 2	0.008 7
2	$X4$	1	5.147 4	0.023 3

通过最大似然估计，检验出的参数结果见表8-9。通过最大似然估计的分析结果显示，自变量 $X4$（$p=0.0206$）、$X6$（$p=0.0067$）的回归系数在90%水平上显著（表8-9）。

表8-9 最大似然估计

Parameter	DF	Estimate	Standard Error	Chi-Square	Pr>ChiSq
Intercept	1	-3.200 9	0.834 5	14.712 3	0.000 1
Intercept2	1	-2.250 8	0.782 6	8.271 0	0.004 0
Intercept3	1	2.334 6	0.773 5	9.110 2	0.002 5
Intercept4	1	4.392 5	0.911 4	23.228 5	<0.000 1
$X4$	1	0.789 2	0.340 9	5.360 5	0.020 6
$X7$	1	-0.519 1	0.191 3	7.359 5	0.006 7

通过进行 OR 分析，得到的结果见表8-10。从该表可以看出，收入在当地的水平高低和"雨露计划"转移培训扶贫政策对收入不平等效果的改善这两个因素与松滋市农村贫困人口对"雨露计划"转移培训扶贫政策的满意度之间呈现显著的相关性。

表8-10 OR 分析

Effect	Point Estimate	95% Wald	Confidence Limits
$X4$	2.202	1.129	1.129
$X7$	0.595	0.409	0.409

(三) 结果与讨论

（1）收入在当地的水平。收入的水平不同，对"雨露计划"转移培训扶贫政策的满意程度也不同。从调查的结果来看，收入层次较高人群，其对政策的满意度较高，不满意程度较低。低收入的受访者中，有5.71%的人对"雨露计划"转移培训扶贫政策表示满意，有20%的人表示不满意；中等收入的受访者中，8.26%的人对"雨露计划"转移培训扶贫政策表示满意，9.92%的人表示不满意；高收入的受访者中，40%的人对"雨露计划"转移培训扶贫政策表示满意，无人表示不满意（表8-11）。从计量分析结果也可以看出，在其他因素不变的情况下，较高收入水平的农村人口比收入较低收入的农村人口对"雨露计划"转移培训扶贫政策的满意度高1.202倍。这是因为"雨露计划"转移培训项目为参加培训的人员带来了增收的效果，收入越高，效果越明显，他们对增加其就业能力的培训计划越满意。

表 8-11　不同收入水平的贫困地区农村人口对政策的满意度情况

收入在当地的水平	满意程度%		
	满意	谈不上满意还是不满意	不满意
低收入	5.71	74.29	20.00
中等收入	8.26	81.82	9.92
高收入	40.00	60.00	0.00

（2）"雨露计划"转移培训扶贫政策对收入不平等程度改善的效果。从计量分析结果可以看出，在其他因素不变的情况下，认为"雨露计划"转移培训扶贫政策对收入不平等有影响的人比认为没有影响的人对"雨露计划"转移培训扶贫政策的满意度要高出 40.5%。在所有的受访者中，37.28% 的受访者倾向于认为该扶贫开发政策对收入不平等程度没有起到缓解作用，甚至有 1.32% 的受访者认为扶贫开发政策在一定程度上扩大了收入差距，而绝大多数（56.14%）的受访者则认为"雨露计划"转移培训扶贫政策对收入不平等程度的改善有一些作用。

五、结　　论

本书对湖北省松滋市 241 位享受到了"雨露计划"转移培训政策扶持的农村人口进行了问卷调查，调查结果显示，在性别、年龄、受教育年限、收入在当地的水平、该计划对农村人口就业的作用、"雨露计划"转移培训扶贫政策对收入的影响大小、"雨露计划"转移培训扶贫政策对收入不平等的改善效果等因素中，农村人口在当地收入水平和"雨露计划"转移培训扶贫政策对收入不平等效果的改善这两个因素与松滋市农村贫困人口对"雨露计划"转移培训扶贫政策的满意度呈现显著的相关性。

基于计量分析的结果，为了进一步提高"雨露计划"转移培训扶贫政策的效果，提高农村人口尤其是贫困地区的农村贫困人口对"雨露计划"转移培训扶贫政策的满意程度，建议从以下两个方面着手完善提高"雨露计划"转移培训扶贫政策。

（1）进一步积极推进"雨露计划"转移培训扶贫开发政策。为更多贫困地区的农村贫困人口提供"雨露计划"转移培训服务，让更多贫困人口享受到该政策带来的实惠，通过培训让贫困人口掌握一定的劳动技能，提高其就业能力，增加家庭收入。

（2）通过多种途径为有一定技能的农村贫困人口提供多种就业渠道，让通过培训的人员能够到一定岗位上发挥自己的技术专长，从而解决贫困人口就业难题，提高收入水平。

参 考 文 献

阿马蒂亚·森. 2009. 以自由看待发展. 任赜，于真，译. 北京：中国人民大学出版社.

王宏杰，冯海峰，李东岳. 2005. 贫困地区农村人口对"雨露计划"转移培训扶贫政策的满意度分析——基于湖北省松滋市 241 位农村居民的调查. 经济论坛，(3)：88-93.

张杰. 2011-10-13. 湖北省农村扶贫开发实践与成效. 中国—东盟农村扶贫政策与实践研修班上的讲座.

Coate S. 1997. Welfare economics and the evaluation of policy changes. PIER Working Paper, 97-040：1-25.

Diener E. 1984. Subjective well-being. Psychology Bulletin, 95（3）：542-575.

Fan S G, Zhang L X, Zhang X B. 2000. Growth and Poverty in Rural China：The Role of Public Investments. https：//core. ac. uk/download/pdf/6289670. pdf［2012-04-13］.

Fan S G, Zhang L X, Zhang X B. 2004. Reforms, investment, and poverty in rural China. Economic Development and Cultural Change, 52（2）：395-421.

Gao Q, Garfinkel I, Zhai F H. 2009. Aati-poverty effectiveness of the minimum living standard assistance policy in urban China. Review of Income and Wealth, 55：630-655.

Meng X, Gregory R, Wan G H. 2007. Urban poverty in China and its contributing factors，1986-2000. Income and Wealth, 53（1）：167-189.

Rauhut D, Hatti N, Olsson C A. 2006. Ecnonomists on Poverty：An Introduction//Rauhut D, Hatti N, Olsson C A. Economists and Poverty, from Adam Smith to Amartya Sen. New Delhi：Vedams Ebooks.

Rojas M. 2007. The complexity of well-being：A life satisfaction conception and a domains-of-life approach. Paper for the International Workshop on Researching Well-being in Developing Countries：1-25.

Rojas M. 2008. Experienced poverty and income poverty in Mexico：A subjective well-being approach. World Development, 36（6）：1078-1093.

第九章
贫困地区农村人口对扶贫搬迁易地
开发政策的满意度分析
——基于湖北省松滋市203位
搬迁移民的调查

Fan 和 Hazell（2000）提出，随着人口数量的不断增长，许多产出潜力较低的地区在今后的发展中，仍然会在贫困、食物安全以及环境等方面面临着严峻挑战。因此，人口外迁和经济多样化应该在多数贫困地区的发展中给予充分地关注。

在中国，经过前期的大规模扶贫，贫困状况已得到了极为有效的缓解，贫困人口迅速减少。目前，中国剩余的贫困人口主要是分布在集中在中西部特困地区。这些地区的特点是生态环境极为脆弱，人们的生产和生活条件异常恶劣，而且还是自然灾害频发的地区。因此，将部分贫困人口从自然条件极为恶劣的地区搬迁到环境条件相对较好的区域，会对贫困人口的发展和整个社会的发展都起着积极的推动作用。一方面，贫困人口的搬迁可以有效地避免贫困地区较为脆弱的自然环境资源受到进一步破坏；另一方面，贫困人口迁移到自然资源环境条件相对较好的地区，可以拥有更好的经营农业的自然资源条件和更多的就业机会，从而更易于增加收入，摆脱贫困。

有鉴于此，为了解决中国最后的剩余贫困人口脱贫致富的难题，中国政府在21世纪实施了扶贫搬迁易地开发政策。该政策是针对居住在偏远山区或者水库周边及自然条件极端恶劣、生态环境脆弱地区的农村贫困人口，政府为其提供一定的经济补偿，支持他们迁移到生产和生活环境条件相对较好的地方安家落户，通过改善这部分人口的生产和生活条件，从而希望达到帮助其脱贫致富的目的。

从政策制定者和执行者的视角来看，扶贫搬迁易地开发政策对于扶贫对象非常有利，主要体现在三个方面：一是搬迁的农村人口直接受益。与贫困村整村推进综合开发政策将扶贫资金集中使用的方式不同，扶贫搬迁易地开发政策是政府直接将补偿款划拨给搬迁的农村人口，而不是拨付给村集体或镇政府，因此，搬迁的农村人口可以直接受益。二是有利于缩小贫困地区农村人口之间的落差感。扶贫搬迁易地开发项目一般都是由政府部门进行统筹规划，扶贫搬迁后的安置小区由政府部门实行统一管理，因此，搬迁之后，贫困农户间的居住条件和配套设施之间的差别都不大，从而在极大程度上缩小了贫困地区农村人口因居住条件差异而引起的落差感，有利于贫困农村人口从精神层面上脱贫。三是提高了贫困地区的农村人口生产和生活的积极性。由于生产和生活环境条件的改善以及与周围邻居的居住条件的差距缩小，较多的农村贫困人口到了新的环境里看到了未来的希望，开始积极面对人生，勤劳致富，从而加快了贫困农村人口脱贫致富的进程。由此可见，扶贫搬迁易地开发政策在制定者和执行者来看，是一个比较理想的扶贫措施。

但是，另外有一部分学者对搬迁的人口进行研究，其研究的结果表明，迁移也会带来一定的负面作用。对于搬迁的人口来说，虽然能移民到生产和生活条件更有利的地方是一件可喜的事，但是从生活和工作多年的地方搬到另一个完全陌生的环境中，却可能会对搬迁移民的经济生活和文化生活带来一定的不利后果，因此，自然环境条件恶劣地区的贫困人口在搬迁过程中会产生抗拒的心理（Cernea，1988），从而成为扶贫搬迁易地开发政策顺利实施的阻碍因素，也会对整个社会的和谐发展带来不利影响。

鉴于政策作用对象对政策效果的满意程度是衡量政策效果好坏的重要标准之一。因此，该扶贫政策的最终作用对象，即社会中的"最不利者"[①]——曾生活在自然环境条件恶劣的贫困地区并进行了搬迁的农村人口，其对于该政策的效果有着最为直接的感受，因此，了解这部分人们对扶贫搬迁易地开发政策效果的看法，对于进一步完善该扶贫政策，制定更加有利于社会中"最不利者"的扶贫搬迁易地开发政策有着极为重要的作用。为了从政策作用对象的视角深入地了解扶贫搬迁易地开发政策的效果，课题组对湖北省扶贫开发办公室、湖北省松滋市扶贫开发办公室以及湖北省松滋市参与了扶贫搬迁易地开发项目的农村人口进行了实地调查和访谈。

一、湖北省松滋市扶贫搬迁易地开发政策的基本情况

进入 21 世纪，湖北省积极贯彻执行扶贫搬迁易地开发政策，帮助居住在

---

① 约翰·罗尔斯. 2011. 正义论. 何怀宏，何包钢，廖申白，等译. 北京: 中国社会科学出版社.

偏远山区或者水库周边的一些贫困户搬迁到环境条件较好的地区，从而实现脱贫的目的。2005～2010年，湖北省已有6万多户、24万多贫困地区的农村人口被安置在自然环境条件较好的地区①。

湖北省松滋市扶贫搬迁易地开发政策还没有全面铺开实施。目前，松滋市组织了几个大中型水库周围的贫困户以及接收了部分松滋市以外的移民进行了搬迁，这部分人口搬迁到了离松滋市市区较近的地方安家落户。截至2012年年底，松滋市共有大中型水库移民23 610人，约占全市总人口的3%，分布在松滋市16个乡镇、209个行政村，移民来自四川、重庆、江西、湖南等省份的17个水库区。自2006年启动大中型水库移民帮扶工作以来，松滋市落实移民帮扶资金1700万元以上，在一定程度上缓解了移民群众生产生活的困难程度，促进了移民安置区经济社会的发展。

二、调查对象的基本情况

为了从政策作用对象的视角了解扶贫搬迁易地开发政策执行的效果，课题组于2012年10～12月对湖北省松滋市农村人口就扶贫搬迁易地开发政策进行了实地调查。本次调查共回收问卷240份，其中，有效份数203份，问卷有效率84.58%，203位受访者全部为搬迁移民，其中，90%的受访者为松滋市本地水库移民，10%的受访者为外来水库移民。

按照阿马蒂亚·森以及MPAT的多维贫困的观点和衡量指标，本书从受访者的收入状况、身体状况、教育文化状况等多可行能力因素方面来分析扶贫搬迁易地开发政策调查对象的贫困情况。

（一）受访者的收入情况

按照中国2011年11月29日公布的人均纯收入2300元的贫困线标准，并结合当地具体的收入实际，将受访者按收入的标准进行了进一步的划分。将当地家庭人均纯收入在2300～8000元的调查对象划为中等收入群体。在回答了该问题的178个调查对象中，89.33%的受访者处于贫困线以下，10.67%的受访者为中等收入者（表9-1）。由此可见，搬迁的农村移民收入水平较低，而较低的收入使得农村人口的生活状况受到了一定程度的影响，5.91%的受访者表示，近五年家庭曾经出现过入不敷出的情况。

---

① 张杰.2011-10-13.湖北省农村扶贫开发实践与成效.中国—东盟农村扶贫政策与实践研修班上的讲座.

表 9-1　人均年收入情况统计表

收入范围	人数/人	比例/%
收入贫困 Y≤2300	159	89.33
中等收入 2300<Y≤8000	19	10.67
合计	178	100.00

资料来源：根据课题组问卷调查数据整理而成。

（二）受访者受教育的情况

　　受访者的受教育程度较低。在回答了该问题的 201 位调查对象中，受教育年限在 0~6 年的受访者占了 45.27%，受教育年限在 7~9 年的占 51.74%，受教育年限在 10 年及 10 年以上的仅占 2.99%（表 9-2）。受教育程度较低与其收入水平低有一定的关系，10.58% 的受访者表示家中有由于支付不起学费而辍学的情况。收入水平低在一定程度上导致了贫困人口受教育程度低，而文化程度较低，又反过来影响了其收入的增加。

表 9-2　受访者接受教育年限情况统计表

受教育年限	人数/人	比例/%
0~6 年	91	45.27
7~9 年	104	51.74
10 年及以上	6	2.99
合计	201	100.00

资料来源：根据课题组问卷调查数据整理而成。

（三）受访者家庭成员的身体状况

　　相对而言，贫困地区农村家庭成员的身体状况较差，部分家庭成员因病需要一定的支出。在调查的 203 位农村人口中，有 22.66% 的受访者表示家里有成员生病花费较多。不健康的身体一方面严重地影响了农村人口收入水平的提高；另一方面家庭支出增加，因此导致了贫困地区的农村人口陷入了贫困的生活状况中。

三、扶贫搬迁易地开发政策的运行情况

(一) 农村人口对扶贫搬迁易地开发政策的知晓情况

为了了解农村人口对扶贫搬迁易地开发政策的认知情况,课题组在调查中涉及了一个单项的问题,即"您是否了解该扶贫开发政策?A 了解;B 不了解"。

表 9-3 显示了不同回答的人数占总受访者的比例。数据显示,在所有受访的农村搬迁移民中,有 94.09% 的人认为自己"了解扶贫搬迁易地开发政策",而仅有 5.91% 的人认为自己"不了解扶贫搬迁易地开发政策"。可见,受访的农村人口对扶贫搬迁易地开发政策的知晓程度较高,但鉴于受访者全部为搬迁移民,因此,也在一定上表明还有待进一步提高农村人口对于该政策的知晓程度。

表 9-3 对"扶贫搬迁易地开发"政策知晓率

是否了解该政策	了解/%	不了解/%
知晓率	94.09	5.91

资料来源:根据课题组问卷调查数据整理而成。

(二) 农村人口对"扶贫搬迁易地开发"政策的满意度

为了了解农村人口对扶贫搬迁易地开发政策的满意程度,调查中涉及了一个单项问题,即"您对目前扶贫搬迁易地开发政策是否满意?A 非常不满意;B 比较不满意;C 一般;D 比较满意;E 非常满意"。

203 位受访者中,有 190 人对该问题进行了明确回答,另有 13 人未做出答复。表 9-4 显示了 190 位受访者中不同回答的人数占总人数的比例。调查数据显示,在所有做出答复的受访农村搬迁移民中,仅有 2.11% 的人对扶贫搬迁易地开发政策表示"非常满意",有 27.37% 的人表示"比较满意",9.47% 的人表示"比较不满意",但没有任何受访者表示"非常不满意",而 61.05% 的人表示满意度"一般"(表 9-4)。可见,受访的农村人口对扶贫搬迁易地开发政策的满意程度并不是很理想。

表 9-4 扶贫搬迁易地开发政策满意率

满意程度	非常满意	比较满意	一般	比较不满意	非常不满意
所占比率/%	2.11	27.37	61.05	9.47	0

资料来源:根据课题组问卷调查数据整理而成。

四、影响贫困地区农村人口对扶贫搬迁易地开发政策的满意程度高低的因素分析

(一) 变量说明

本书采用社会满足程度评估标准[①]对扶贫搬迁易地开发政策的效果情况进行评估，即通过贫困地区的农村人口对扶贫搬迁易地开发政策的满意度来进行分析。这里以贫困地区的农村人口对扶贫搬迁易地开发政策的满意度作为因变量 (Y)，以性别 ($X1$)、年龄 ($X2$)、受教育年限 ($X3$)、享受扶贫搬迁易地开发政策后家庭收入增加额 ($X4$)、扶贫搬迁易地开发政策对收入的影响程度 ($X5$)、扶贫搬迁易地开发政策对收入不平等程度的改善效果 ($X6$) 作为影响农村人口对扶贫搬迁易地开发政策的满意度的因素，建立 Logistic 回归评估函数 $Y = F (X1, X2, \cdots, X6)$，进行实证分析，变量及变量赋值见表9-5。

表9-5　变量名称及变量赋值表

变量名称	变量符号	变量赋值
对扶贫政策的满意度	Y	1=非常不满意；2=比较不满意；3=一般；4=比较满意；5=非常满意
性别	$X1$	1=女；2=男
年龄	$X2$	实际年龄
受教育的年限	$X3$	实际受教育年限
搬迁后收入水平每年增加（元）	$X4$	≤2000=1；≤4000=2；≤6000=3；≤8000=4；其他赋值=5
对家庭收入影响的大小	$X5$	1=没影响；2=有一些影响；3=影响非常大
对收入不平等程度改善的效果	$X6$	1=不平等程度拉大了；2=没作用；3=作用不明显；4=有一些作用；5=非常大

---

① Gao Q, Garfinkel I, Zhai F H. 2009. Anti-poverty effectiveness of the minimum living standard assistance policy in urban China. Review of Income and Wealth，55：630-655.

Rojas M. 2007. The complexity of well-being: A life satisfaction conception and a domains-of-life approach. Paper for the International Workshop on Researching Well-being in Developing Countries：1-25.

Meng X, Gregory R, Wan G H. 2007. Urban poverty in China and its contributing factors，1986-2000. Income and Wealth，53 (1)：167-189.

Coate S. 1997. Welfare economics and the evaluation of policy changes. PIER Working Paper 97-040：1-25.

(二）计量分析

本文以 Y 作为因变量，$X1 \sim X6$ 为自变量进行 Logistic 逐步回归分析。Logistic 逐步回归分析的结果显示，在 90% 显著性水平的情况下，变量 $X6$、$X5$ 被引入方程（表 9-6），其他变量在此回归分析中不显著，因此没有纳入方程。

表 9-6　变量逐步筛选过程分析

Step	Entered Effect	DF	Score Chi-Square	Pr>ChiSq
1	$X6$	1	30.306 4	<0.000 1
2	$X5$	1	7.499 1	0.006 2

通过进行最大似然估计，检验出的参数结果见表 9-7。最大似然估计的分析结果显示，自变量 $X5$（$p=0.007\ 8$）、$X6$（$p<0.000\ 1$）的回归系数在 90% 的水平上显著（表 9-7）。

表 9-7　最大似然估计

Parameter	DF	Estimate	Standard Error	Chi-Square	Pr>ChiSq
Intercept	1	−9.625 2	1.228 0	61.435 6	<0.000 1
Intercept2	1	−6.126 0	1.006 8	37.024 6	<0.000 1
Intercept3	1	−2.443 2	0.849 2	8.278 0	0.004 0
$X5$	1	0.750 3	0.281 9	7.086 6	0.007 8
$X6$	1	1.016 0	0.189 4	28.765 8	<0.000 1

通过 OR 分析，得到的结果见表 9-8。从该表可以看出，扶贫搬迁易地开发政策对收入影响的大小和扶贫搬迁易地开发政策对收入不平等程度的改善效果这两个因素与松滋市农村贫困人口对扶贫搬迁易地开发政策的满意程度呈显著的正向相关性。

表 9-8　OR 分析

Effect	Point Estimate	95% Wald	Confidence Limits
$X5$	2.118	1.219	1.219
$X6$	2.762	1.905	1.905

(三) 结果与讨论

（1）扶贫搬迁易地开发政策对收入的影响。从计量结果可以看出，松滋市农村贫困人口对扶贫搬迁易地开发政策的满意度与"扶贫搬迁易地开发政策对收入影响的大小"这一变量显著相关。在其他因素不变的情况下，认为"扶贫搬迁易地开发政策对收入有较大的影响"的贫困人口比认为"扶贫搬迁易地开发政策对收入没有影响"的贫困人口对扶贫搬迁易地开发政策的满意程度要高1.118倍。受访者中，46.80%的农村人口倾向于认为扶贫搬迁易地开发政策对收入有一些影响，46.31%的受访者倾向于认为扶贫搬迁易地开发政策对收入的影响非常大，而仅有3.94%的受访者倾向于认为扶贫搬迁易地开发政策对收入是没有影响的。

（2）扶贫搬迁易地开发政策对收入不平等程度改善的效果。从计量结果可以看出，松滋市农村的贫困人口对扶贫搬迁易地开发政策的满意度与"扶贫搬迁易地开发政策对收入不平等的程度有改善效果"这一变量显著相关，即在其他因素不变的情况下，认为"扶贫搬迁易地开发政策对收入不平等程度有改善效果"的农村贫困人口比认为"扶贫搬迁易地开发扶贫政策对收入不平等程度没有改善效果"的农村贫困人口对扶贫搬迁易地开发政策的满意度要高1.762倍。受访者中，19.59%的农村人口认为扶贫搬迁易地开发政策在一定程度上扩大了收入差距，而绝大多数（58.76%）的受访者则认为扶贫搬迁易地开发政策对收入不平等程度的改善有一些作用。

五、结　　论

课题组对湖北省松滋市203位农村人口进行了问卷调查，203位受访者全部为搬迁移民，其中，90%的受访者为松滋市本地水库移民，10%的受访者为外来水库移民。调查结果显示，在性别、年龄、受教育年限、享受扶贫搬迁易地开发政策后家庭收入的增加额、扶贫搬迁易地开发政策对收入的影响、扶贫搬迁易地开发政策对收入不平等程度的改善效果等因素中，扶贫搬迁易地开发政策对收入影响的大小和扶贫搬迁易地开发政策对收入不平等程度的改善效果这两个因素与松滋市农村贫困人口对扶贫政策的满意度呈显著的正向相关性。

基于计量分析的结果，为了进一步提高扶贫搬迁易地开发政策的效果，提高农村人口尤其是贫困地区的农村贫困人口对扶贫搬迁易地开发政策的满意程度，建议从以下两个方面进一步完善扶贫搬迁易地开发政策。

（1）提供多种途径帮助搬迁移民增加收入。搬迁移民从自然环境恶劣的农村贫困地区迁移到生产和生活条件相对较好的地区，人们的受教育程度较低，劳动技能短时间内难以适应新环境下的社会需要，因此，较长一段时间内，这些会影响到搬迁移民收入水平的快速提高，收入水平会低于当地农村人口的收入水平。在这段时期，要积极为其提供各种途径的帮助，为其收入的增加提供可能。

（2）缩小农村人口之间收入不平等的程度。贫困地区的农村人口搬迁到新的环境，其收入水平会和当地的居民存在一定的差距。鉴于收入不平等程度显著地影响到农村人口对政策实施效果的看法，因此，要尽快缩小搬迁移民与当地居民的收入不平等程度。从教育、技术培训、就业等多方面对其提供服务，减少搬迁对其带来的负面作用，使其积极面对新的居住地的生产生活，融入当地的环境，尽快缩小其与新的居住地的农村人口之间存在的收入不平等程度，从而增加其对扶贫搬迁易地开发政策的满意程度。

参 考 文 献

阿马蒂亚·森 . 2009 . 以自由看待发展 . 任赜，于真，译 . 北京：中国人民大学出版社 .

王宏杰，冯海峰，李东岳 . 2005 . 贫困地区农村人口对"雨露计划"转移培训扶贫政策的满意度分析——基于湖北省松滋市 241 位农村居民的调查 . 经济论坛，（3）：88-93.

王宏杰，李东岳 . 2013 . 贫困地区农村居民对扶贫政策的满意度分析 . 华南农业大学学报（社会科学版），（2）：44-49.

张杰 . 2011-10-13 . 湖北省农村扶贫开发实践与成效 . 中国—东盟农村扶贫政策与实践研修班上的讲座 .

Cernea M M. 1988. Involuntary Resettlement in Development Projects，Policy Guidelines in World Bank-Financed Projects. Washington DC：The World Bank.

Coate S. 1997. Welfare economics and the evaluation of policy changes. PIER Working Paper 97-040：1-25.

Diener E. 1984. Subjective well-being. Psychology Bulletin，95（3）：542-575.

Fan S G，Zhang L X，Zhang X B. 2000. Growth and Poverty in Rural China：The Role of Public Investments. https：//core. ac. uk/download/pdf/6289670. pdf［2012-04-13］.

Fan S G，Hazell P. 2000. Should developing countries invest more in less-favoured areas：An empirical analysis of rural India. Economic and Political Weekly，35（17）：1455-1464.

Gao Q，Garfinkel I，Zhai F H. 2009. Anti-poverty effectiveness of the minimum living standard assistance policy in urban China. Review of Income and Wealth，55：630-655.

Meng X，Gregory R，Wan G H. 2007. Urban poverty in China and its contributing factors，1986-2000. Income and Wealth，53（1）：167-189.

Rojas M. 2007. The complexity of well-being: A life satisfaction conception and a domains-of-life approach. Paper for the International Workshop on Researching Well-being in Developing Countries: 1-25.

Rojas M. 2008. Experienced poverty and income poverty in Mexico: A subjective well-being approach. World Development, 36 (6): 1078-1093.

第十章
四种扶贫政策效果的比较分析

进入 21 世纪，针对新的贫困形势，中国实施了新的扶贫政策，即贫困村整村推进综合开发政策、"雨露计划"转移培训政策、农业产业化扶贫政策和扶贫搬迁易地开发政策等扶贫措施。本书分别从政策制定者和执行者的视角以及农村贫困人口的视角对这四种扶贫政策的效果进行了分析。在前述分析的基础上，本章将对四种扶贫政策的优劣势进行进一步的比较分析，从而能够有针对性地发挥各个政策的优势，更加有效地解决农村的贫困问题。

一、四种扶贫政策效果对比分析

（一）四种扶贫政策效果分析汇总

通过对贫困地区农村人口对扶贫政策满意度的调查及进行实证分析的结果表明，对"雨露计划"转移培训政策满意的农村贫困人口所占比例最高，对农业产业化扶贫政策满意的农村贫困人口所占比例次之，比例居第三位的为扶贫搬迁易地开发政策，比例居最后的为整村推进综合开发政策。本书分析的具体结果如下。

（1）贫困地区的农村人口对贫困村整村推进综合开发政策的满意度的影响因素分析。分析结果显示，受访者的年龄、是否了解扶贫开发政策、家庭收入是否受到农业扶贫开发政策的巨大影响以及扶贫开发政策对收入不平等的作用等因素与农村人口关于整村推进综合开发扶贫政策的满意度均有显著的正向影响，而有无信仰则对扶贫政策的满意度有着负面作用。

（2）贫困地区的农村人口对农业产业化扶贫政策的满意度的影响因素分析。分析结果显示，贫困地区农村人口受教育年限、农业产业化扶贫政策对收入不平等程度的改善效果两个因素与贫困人口对农业产业化扶贫政策的满意度有显著的正向相关性。即在其他因素不变的情况下，受教育年限的提高以及农业产业化扶贫政策对收入不平等程度改善效果的提高有利于提高贫困地区农村人口对农业产业化扶贫政策的满意度。

（3）贫困地区的农村人口对"雨露计划"转移培训政策的满意度的影响因素分析。分析结果表明，贫困地区农村人口的收入水平和"雨露计划"转移培训政策对收入不平等程度有改善效果两个因素与农村贫困人口对"雨露计划"转移培训扶贫政策的满意度有显著的相关性。即在其他因素不变的情况下，农村贫困人口收入水平的提高以及对收入不平等现象的改善有利于提高农村贫困人口对"雨露计划"转移培训政策的满意度。

（4）贫困地区的农村人口对扶贫搬迁易地开发政策的满意度的影响因素分析。分析结果表明，扶贫搬迁易地开发政策对收入影响的大小和扶贫搬迁易地开发政策对收入不平等程度的改善效果这两个因素与农村贫困人口对扶贫搬迁、异地开发扶贫政策的满意度有显著的正向相关性，即在其他因素不变的情况下，认为扶贫搬迁易地开发政策对收入的影响越大，对收入不平等现象的改善效果越明显，农村贫困人口对扶贫政策的满意度越高。

（二）从增加贫困地区农村人口收入的角度比较分析

在扶贫政策实施后，贫困村整村推进综合开发政策、"雨露计划"转移培训政策、农业产业化扶贫政策和扶贫搬迁易地开发政策等扶贫政策都能在一定程度上促进贫困地区农村人口收入的增加，但是不同政策促进增收的程度却不相同。以湖北省松滋市为例，松滋市扶贫开发办公室统计数据表明，贫困村整村推进综合开发政策的实施使得农村人口人平年均增收金额为1562元；农业产业化扶贫政策通过带领贫困户参与农业产业，提高了农村人口在农业产出方面的收益，从而达到了增产增收的效果。松滋市扶贫开发办公室对全市参与农业产业化扶贫政策的贫困人口进行了统计，其结果表明，农业产业化扶贫政策使得松滋市贫困人口年均增收6653元；"雨露计划"转移培训政策主要是通过技术培训让贫困地区的农村劳动力掌握一定的实用技能，从而提高其自身就业能力，提高其在劳动力市场上的竞争能力，从而增加非农劳动收入，拓宽收入来源渠道，实现贫困地区农村人口脱贫致富的目的。调查的结果显示，参加"雨露计划"转移培训项目的学员就业后，获得的工资待遇较高，收入较为稳定，人年均增收可达到万元以上，基本上可以达到培训一人，致富一户，带动一片的效果；扶贫搬迁易地开发政策实施后，搬迁人员一般年均增收在4000元左右。

由以上的数据分析可以看出，在贫困村整村推进综合开发政策、"雨露计划"转移培训政策、农业产业化扶贫政策和扶贫搬迁易地开发政策等扶贫政策中，贫困村整村推进综合开发政策更大程度上对改善贫困地区农村人口的生产和生活环境条件起到了良好的改善效果，但对提高农村人口收入水平的效果方面则要稍逊于其他方式的扶贫政策，而"雨露计划"转移培训政策对增加贫困地区农村人口收入的效果最好。

(三) 从减少贫困规模的角度比较分析

在实施新的扶贫政策后，贫困村整村推进综合开发政策、"雨露计划"转移培训政策、农业产业化扶贫政策和扶贫搬迁易地开发政策等扶贫政策都能在一定程度上帮助贫困地区的农村人口摆脱贫困，从而减少贫困规模，但减少贫困规模的程度却不同。以湖北省松滋市为例，松滋市扶贫开发办公室的统计数据表明，全市实施整村推进综合开发扶贫政策的35个贫困村，在该政策实施前，贫困人口总数占全市贫困人口的50%，实施了整村推进综合开发政策后，35个贫困村的贫困人口中有90%的人摆脱了贫困。由此可见，贫困村整村推进综合开发政策对减小贫困规模的效果非常明显。松滋市通过农业产业化扶贫政策脱贫的贫困人口约有1.2万人；通过"雨露计划"转移培训脱贫致富的贫困户累计只有982户，对减小松滋全市农村贫困规模作用非常有限；松滋市有4000多人通过扶贫搬迁易地开发政策摆脱了贫困。

由以上数据可以看出，从减小贫困规模方面来看，整村推进综合开发扶贫政策因采取的扶贫措施是连片推动，集中扶贫，在短时间内基本实现集中的贫困村集体脱贫，因此，贫困村整村推进综合开发政策对减小农村贫困人口规模的作用最明显。农业产业化扶贫政策在降低贫困规模方面的作用稍逊于整村推进扶贫政策的效果。而"雨露计划"转移培训政策只能带动较为少量的农村贫困人口脱贫，降低贫困规模的效果最为有限。

(四) 从脱贫人数与参与贫困政策人数比值的角度分析

这里通过扶贫政策实施后，脱贫人数与政策作用对象总数的比值（以下简称为"脱贫人数比"）来反应扶贫政策的效果。扶贫政策实施后，脱贫人数比越大，表明该政策实施的效果越好，反之则表明实施的效果稍逊。松滋市扶贫开发办公室的统计数据显示，贫困村整村推进综合开发政策实施后，脱贫人数比为61.2%。贫困地区企业极少，农业产业化扶贫中好的项目、好的产业投资需要较长的时间才能产生效果。一般而言，少则需要2~3年，多则需要

5~8年才可以产生效益，因此，发展农业产业化基本上要靠农村人口自身进行，而通过农村人口自身实施农业产业化项目而达到增产增收的时间比较长。有些农业产业化的扶贫项目还需要对农村人口进行一定的前期资金投入，而部分贫困农户由于积蓄较少甚至无积蓄而难以凑齐项目的前期启动资金，由此导致其难以享受到农业产业化扶贫政策带来的增收效果。可见，农业产业化扶贫模式只适合具有一定经济基础的贫困人口通过发展产业来脱贫，影响了其整体的实施效果。据松滋市扶贫开发办公室的统计数据显示，农业产业化扶贫政策的脱贫人数比为76.8%。"雨露计划"转移培训主要面向贫困家庭"两后生"开展有针对性的培训，提高"两后生"的就业能力，接受培训的人员掌握了一定的市场需求技能，就业前景十分广阔，月工资大多数在3000元以上，基本上达到了培训一人，脱贫一户，带动一片的效果。松滋市扶贫开发办公室的统计数据显示，该政策的实施效果较为明显，脱贫人数比达到97.2%。扶贫搬迁易地开发政策在执行中，受到搬迁费用多、移民适应新环境困难等不利因素的影响，在短时期脱贫的家庭并不多，脱贫人数比为47.2%。由以上数据可以看出，从脱贫人数与参与贫困政策人数比值的角度来看，"雨露计划"转移培训政策作用下的脱贫人数比最高。

上述四种扶贫政策效果对比分析的结论表明，贫困村整村推进综合开发政策、"雨露计划"转移培训政策、农业产业化扶贫政策和扶贫搬迁易地开发政策等扶贫政策的实施，在减少农村的贫困规模、增加农村贫困人口的收入、减小地区的贫困强度和深度、改善贫困地区的面貌、提高贫困地区整体的人文素质等方面发挥了重要作用，并取得了显著成效。

上述的数据分析表明，贫困村整村推进综合开发政策、"雨露计划"转移培训政策、农业产业化扶贫政策和扶贫搬迁易地开发政策等扶贫政策对农村人口的减贫效果所起到的作用侧重点不同，农业产业化扶贫政策面对更多的贫困户给予帮助，帮扶对象较广；贫困村整村推进综合开发政策对减小贫困地区的贫困规模、减少贫困深度与广度的作用最明显；而"雨露计划"转移培训政策的脱贫人数比最高。

二、扶贫政策实施效果有待提高之处

贫困村整村推进综合开发政策、"雨露计划"转移培训政策、农业产业化扶贫政策和扶贫搬迁易地开发政策等扶贫政策对贫困地区农村人口增加收入、减小贫困规模均起到了一定的积极作用，但在政策实施过程中也还存在一定的问题，需要相关管理部门予以充分重视，以期进一步巩固扶贫效果，避免返贫现象不断出现。

(一) 扶贫政策缺乏长期的持续性

扶贫政策实施完毕后，一般即告结束，而没有相关的项目对脱贫农村人口进一步跟进扶持，从而导致了脱贫效果难以持续。例如，湖北省十堰市郧西县就出现了类似的问题，该县六郎乡大石堰村在 2009 年启动建设的整村推进综合开发政策重点扶持村，投入了扶贫总资金 43 万元，但结果只修了 2.5km 砂石路，整理了 50 亩茶叶基地，搬迁了 5 家贫困户，整村推进综合开发项目实施期限到期之后，贫困村便难以获得再次的扶持，因此，难以进一步缓解该村的贫困状况①。因此，如何进一步巩固扶贫地区和贫困人口的脱贫效果，进一步提高贫困村的经济发展能力，是摆在各级政府、贫困地区和贫困人口面前的一道难题。

(二) 自然灾害导致返贫现象严重

目前，中国剩余的大部分贫困人口主要居住在自然环境条件较为恶劣的偏远乡村，自然灾害时有发生，贫困农村人口，即使是已经脱贫的农村人口抵御各种风险的能力仍然非常薄弱。因此，在突发自然灾害时，贫困地区已经脱贫的农村人口重新返贫的现象较为严重。例如，在 2010 年，湖北省恩施州鹤峰县遭受了新中国成立以来最大的强暴雨侵袭灾害，此次灾害导致 35 个贫困村受到了非常严重的影响，建成的扶贫项目受损也较为严重，导致了因灾返贫、致贫人口达到 1.4 万人②。

(三) 社会公共产品和服务不足

近年来，通过实施贫困村整村推进综合开发、农村通达工程等扶贫项目，部分贫困村的基础设施得到了明显改善，但这些基础设施一旦遇到自然灾害便易导致严重的损毁，毁损后由于资金缺乏，基础设施维修和维护问题难以得到有效解决。湖北省关于"三万活动"开展的统计数据表明，29 个贫困县在公路交通、农田水利设施等方面全面落后于全省平均水平，其中硬化公路比例为

---

① 郧西县扶贫开发办公室．2012．深化精细化管理，提升扶贫开发绩效．2012 湖北发展论坛，9：158-162.
② 开发指导处．2012．整村推进扶贫开发工作的问题与对策．2012 湖北发展论坛，9：78-81.

57.8%，比全省平均水平低 15 个百分点；贫困县对农田水利的满意率仅为 10.4%，比全省平均满意率低 5 个百分点。在湖北省实施的针对"三万活动"的调查问卷中，贫困县受访对象中要求对基础设施给予重点支持的占 71.7%，比全省平均水平高出近 10 个百分点[①]。

(四) 扶贫对象受益难

目前，扶贫政策真正落实到全体贫困人口身上还有一定的困难。在湖北省实施的针对"三万活动"的问卷调查中，扶贫到户政策在 12 项惠农政策落实情况评价中居倒数第二[②]。

(五) 产业扶贫的配套条件有待进一步加强

"三万活动"调查显示，有近 90% 的农民反映，家庭收入的主要来源还是外出务工。由于贫困村外出务工劳动力较多，影响到了当地产业发展。例如，湖北省恩施州巴东县沿渡河镇的樟树村共有劳动力 387 人，常年外出务工的劳动力 357 人，剩余留在家中从事农业生产的 30 人全部是 50 岁以上的弱劳动力。樟树村有种植生姜的传统习惯，当地的气候条件和土壤条件都非常适合于生姜的生长，那里种植的米姜口味和口感都很好，亩产基本能够稳定在 2500kg 以上，而且有可种植的土地面积 1000 多亩。鉴于此，当地政府非常希望把米姜发展成为樟树村的支柱产业；可是，由于众多的劳动力外出务工导致当地劳动力异常短缺，从而使米姜的种植、加工难以形成支柱产业[③]。

参 考 文 献

巴东县扶贫开发办公室 . 2012. 浅谈整村推进存在的主要问题与对策 . 2012 湖北发展论坛，173-176.

开发指导处 . 2012. 整村推进扶贫开发工作的问题与对策 . 2012 湖北发展论坛，78-81.

郧西县扶贫办 . 2012. 深化精细化管理，提升扶贫开发绩效 . 2012 湖北发展论坛，158-162.

① 开发指导处 . 2012. 整村推进扶贫开发工作的问题与对策 . 2012 湖北发展论坛，9：78-81.
② 开发指导处 . 2012. 整村推进扶贫开发工作的问题与对策 . 2012 湖北发展论坛，9：78-81.
③ 巴东县扶贫开发办公室 . 2012. 浅谈整村推进存在的主要问题与对策 . 2012 湖北发展论坛，9：173-176；开发指导处 . 2012. 整村推进扶贫开发工作的问题与对策 . 2012 湖北发展论坛，9：78-81.

第十一章
扶贫经验案例

案例1 郑家榜村村扶贫互助社助村民摆脱贫困

郑家榜村位于湖北省长阳土家族自治县龙舟坪镇西部，距县城25km。全村辖10个村民小组、共有660户，2082位居民，其中，劳动力1560人。村域总面积41.21km²，耕地面积3735亩。

贫困地区农村人口获得发展资金困难，这在一定程度上不利于农村人口进一步扩大农业生产、增加收入从而达到摆脱贫困的目的。针对该种情况，郑家榜村于2010年组建了村扶贫互助社。

2013年年底，郑家榜村的扶贫互助社共有社员232户，全村农户入社率35%，贫困户入社率则高达85%。互助资金总额为40.13万元，其中，扶贫资金（包括奖励资金15万元）30万元，入社农户缴纳基准互助金6.8万元，占用费分配公益金转入33 232万元。共有80户农户借款，借款总金额71万元，其中，68户借款社员是贫困的社员，其借款金额为59.5万元，占借款总额的84%。

71万借款主要用于种养殖业等方面的生产。其中，种植业45.5万元，养殖业10.2万元，工业、商业、运输业9.7万元，其他5.6万元。这些借款在一定程度上解决了群众尤其是特困群众贷款难的问题，其生产、生活状况有了改善，更有20多户群众在互助社的帮助下收入水平有了较大程度的提高。例如，该村十组村民刘先生在互助社的帮扶下，年养殖出售山鸡5000余只，年收益达到7万余元；九组村民邓先生、侯先生和十组村民董先生在互助社的帮扶下，发展高山蔬菜400亩，也获得了较为满意的收入。

自成立初期，扶贫互助社就制定了严格的管理措施。借款业务必须要坚持原则，借款的用途严格用于发展生产、种植、养殖业方面；借款时间一般为短期，即1~12个月；规定每个客户借款额度在5000元以下，借款占用费为

8‰。同时严格把控借款程序，按照个人申请—担保—理事会审批—监事会审核—签订借款合同—发放借款—公示上墙的程序执行。

由于运作程序规范，财务管理严格。郑家榜村扶贫互助社运行较为平稳，运行效益十分明显，分别获县、省扶贫部门的奖励。

案例2　郑家榜村整村推进综合开发扶贫模式

郑家榜村在实施整村推进综合开发扶贫政策上具有一定的经验。一是加快特色产业发展。郑家榜村实施了中山地带连片3000亩核桃基地建设，500亩高山蔬菜和350亩魔芋基地建设；发展"农家乐"35户。二是进行基础设施建设。近三年郑家榜村共完成硬化公路25km，新修自然景区公路20km；完成4个村组的电信宽带网络建设，架通了广电宽带；并通过世行贷款、欧盟赠款项目，完成了一组三处坡改梯田160亩及相关配套工程；同时完成了胡家坝低丘岗改造项目及实施了小农水项目。三是积极实施民生项目。新建水池4个，解决了全村1400余人的饮水安全问题；同时，完成了中心村整治，人工生态湿地建设，新修胡家坝公路、人行景观桥和扩宽主线公路。实施民居改造35户，完成了75户危房改造、293户"一建三改"、180户建设沼气池，新安装太阳能50台。进一步完善了供水、供电、通信等配套设施。这一系列扶贫项目的有效实施，较大程度地改善了郑家榜村的村庄面貌和基础设施条件。基础设施条件的改善为该村招商引资工作提供了一定的基础，目前已入村客商近10人。另外，长阳中武当文化旅游有限责任公司与长阳自治县政府签订合同书，合作开发中武当·方山石林文化旅游风景区，计划投资1.5亿元。在大力实施整村推进综合开发扶贫政策后，郑家榜村的经济状况有了一定程度的改观。2012年，郑家榜村农民人均纯收入4078元。2012年以来，郑家榜村被评为"全省第四批新农村建设示范村"，并获得"全省首批宜居村庄"、"省级生态村"称号和宜昌市"文明村"、"最美村庄"等荣誉称号。

案例3　灌南农业产业化扶贫模式

灌南县位于江苏省北部城市连云港的南部，县域总面积1030km²，辖11个乡镇，5个工业园区，2个农业园区，1个文化产业园区，78万人口。2002年前，灌南县由于各项重要指标在全省垫底因而被称作"锅底洼"，2002年该县农民人均纯收入指标名列全省倒数第一，综合实力基本处于全省各县市（区）末位，以"穷、乱、差"闻名江苏省。但从2003年起，灌南县连续多年在连云港市县区经济建设和社会发展目标考核中名列前茅，成功地由"苏北洼地锅底"跨越到"连云港经济强县、苏北发展快县、江苏产业名县"。2006 年和 2007 年，在中国社会科学院城市发展与环境研究中心等单位评审的"全国最具投资潜力百强县"排名中，分别位列第 22 位和第 18 位，2006 年还获得了"全国和谐中小城市示范县"的荣誉称号。灌南县的崛起为全国贫困县的脱贫致富指出了一条成功之路。

为了脱贫致富，灌南县紧紧围绕"产业富民"的指导方针，积极招商引资，扶持农业龙头企业发展，提升特色农业的产业化水平，积极推进农业现代化，带动当地农民群众不断增收。

为了能够真正吸引企业落户，灌南县制定了优惠的政策并建立了良好的投资环境"筑巢引凤"。2009 年，灌南县出台了招商引资奖励办法，办法规定凡引进的客商在园区落户，注册资本在 200 万元以上的项目，除执行灌南县的招商引资奖励政策外，经贸局奖励引荐人 1 万元；注册资本 500 万元以上或外资到账 200 万美元以上，奖励引荐人 2 万元，以此类推。奖励措施的出台，极大程度地调动了人们招商引资的积极性。在投资环境建设方面，灌南县积极营造良好的法制环境和经营环境，加大开发区内的环境、卫生、道路等的建设和管理工作。在土地建设方面，灌南县以土地流转为突破口，按照"农民自愿、政府引导、规范管理"的原则，采取培育典型引导、招商引资拉动、搭建平台支持等多种流转方式，加快了土地集约化经营步伐。这一切都是为投资者提供良好的生产平台。在提供优惠的政策和良好的投资环境同时，灌南县委县政府积极开展招商活动，举办了"2001 年灌南县投资贸易恳谈会"，共邀请客商136 人，推出洽谈项目 71 个，签订协议项目 38 个。同年 7 月、8 月和 9 月，配合连云港市"招商月"活动，灌南县的经济部门和乡镇、主要工业企业的负责同志都参加了"招商月"活动，并通过在厦门、泉州、深圳、香港和南京等地组织的招商会签订合作项目 56 个。

在灌南县委县政府的努力下，企业积极入驻灌南，为全县农业产业化的快速发展注入了活力。目前，灌南县已形成了"食用菌、葡萄、西瓜和辣椒"等四大特色农业产业群，产业的发展带动了当地农业产值的增加，提高了农民的收入水平。以食用菌产业为例，灌南县有 60 多家食用菌生产企业，年产值达 35 亿元，食用菌产业的发展还为当地农村剩余劳动力提供了大量的就业岗位，从而增加了农民收入。据统计，全县食用菌生产企业创造就业岗位近2.26 万个，从业人员月平均工资在 2200 元以上。部分农村人口在获得工资收入的同时，也享受着土地带来的较高的租金收益。

案例4 恩施州龙凤镇农业产业化扶贫模式

龙凤镇位于恩施州城区北部，是武陵山区集中连片特困地区，同时也是少数民族聚居区，并于2012年成为我国综合扶贫改革试点区，该区域的扶贫思路和措施为全国的综合扶贫改革创新提供了可供推广的经验。在有效地实施了扶贫措施后，龙凤镇贫困人口数量大幅下降，至2014年年底，龙凤镇贫困人口减少至18 822人，每年约有3000人摆脱贫困。

龙凤镇在农业产业化扶贫方面形成了特色经验。龙凤镇农业产业化的基本指导思想是：通过进行国土整治、农田水利、农业综合开发，完善农业生产设施，加强农业科技推广应用，提高农业生产能力；大力发展茶叶、烟叶、蔬菜、畜禽养殖及特色经济林；大力培育新型农业经营主体，积极引导土地流转，鼓励适度规模经营，加大农业专业合作社发展建设力度，推广"龙头企业+合作社+农户"的经营模式，鼓励农民以承包经营权入股发展农业产业化；大力发展农产品加工业，建设农产品交易市场；组织劳务技能培训，提高农民就业能力，促进农业规模化经营和农村劳动力有序转移。

在具体实施农业产业化扶贫政策中，龙凤镇以茶叶、生猪、烟叶、蔬菜、家禽、生漆、魔芋、金银花等为主导产业，按照"滴灌式"、"喷灌式"、"池塘式"三种产业扶贫模式积极推进该镇的扶贫工作。

（1）"滴灌式"产业扶贫模式。"滴灌式"扶贫模式是依据因地制宜的原则，按照"一名党员干部、一家企业或单位、一家银行共同帮扶一户贫困户"的方式，直接将产业发展资金补助到户，落实到人，建立产业帮带，被扶持者将获得的帮扶资金采购种苗、仔猪、禽苗等，在一定程度上解决了龙凤镇贫困户因产业发展资金不足而导致的"造血"功能不强的问题。

龙凤镇在碾盘、双堰塘、店子槽、龙马、猫子山、佐家坝、吉心、二坡8个村共新建茶园20 000亩，改造升级茶园5000亩，其中，参与该项目的贫困户3753户，贫困人口9757人共新建茶园12 085亩。杉木坝、古场坝村积极发展年出栏12万头的生猪养殖基地，新建万头养猪场1个、"150"模式养殖大户20户、"155"模式小区10个，带动了200户5220位贫困人口参与该项目。青堡、二坡、吉心、大转拐、店子槽、杉木坝、古场坝、碾盘等村规划建立基本烟田2.1万亩，常年稳定烤烟种植面积5000亩以上，带动777户2020贫困人口种植烟叶1940亩。青堡、碾盘、二坡、吉心、大转拐5个村发展烟菜轮作蔬菜田6000亩；杉木坝、古场坝两个村建立城郊精细蔬菜田3000亩；杉木坝、吉心、大转拐3个村建立设施蔬菜田1000亩，带动2624户6822位贫困人口种植蔬菜 4600 亩。大转拐、吉心、二坡 3 个村建设年出（存）笼 100 万羽家禽养殖基地，发展 153 模式养禽户 200 户，存笼 10 万羽以上家禽养殖场 1 个、5 万羽以上家禽养殖场 1 个，其中有 5027 户贫困人口养殖家禽 121.25 万羽。青堡、龙马、碾盘、佐家坝、店子槽 5 个村发展生漆 12 750 亩，其中有 3568 户贫困人口发展生漆 4970 亩。青堡村（茶园沟、后河、五间房）发展魔芋 500 亩、金银花 1000 亩，涵盖 300 户 780 位贫困人口发展魔芋 350 亩、金银花 700 亩（图 11-1 ~ 图 11-3）。

图 11-1　恩施州龙凤茶叶生产基地

图 11-2　恩施州龙凤镇青堡村

图 11-3　龙凤镇青堡村烟叶种植基地

　　（2）"喷灌式"产业扶贫模式。通过实施土地整治、农业综合开发等项目，龙凤镇整理土地 3 万亩，建立 10 个千亩（万头、万羽）"喷灌式"产业基地，形成"一村一品"、"一区一园"的产业结构，发挥品牌效益和规模效应，达到整体扶贫的目的，实施"喷灌式"扶贫模式，直接让农户受益。

　　一是建立龙马保扎千亩茶叶示范基地，涉及龙马村 3 个村民小组，建设高效标准茶叶基地 1200 亩，其中涵盖贫困人口 190 户 760 人。二是建立碾盘千亩茶叶示范基地，涉及碾盘村两个村民小组，建设高效标准茶叶基地 2000 亩，其中涵盖贫困人口 197 户 616 人。三是建立柑子坪千亩茶叶示范基地，涉及柑子坪村两个村民小组，建设高效标准茶叶基地 1200 亩，其中涵盖贫困人口 195 户 890 人。四是建立佐家坝千亩茶叶示范基地，涉及佐家坝村两个村民小组，建设高效标准茶叶基地 1500 亩，其中涵盖贫困人口 280 户 728 人。五是建立猫子山千亩茶叶示范基地，涉及猫子山村 3 个村民小组，建设高效标准茶叶基地 2600 亩，其中涵盖贫困人口 147 户 461 人。六是建立青堡千亩现代烟草示范基地，涉及青堡村 3 个村民小组，建设现代烟草基地 1500 亩，其中涵盖贫困人口 60 户 236 人。七是建立茶园沟、后河千亩生漆示范基地，涉及青堡村 4 个村民小组，建设生漆基地 5500 亩，其中涵盖贫困人口 260 户 860 人。八是建立杉木坝万头生猪养殖示范基地，涉及杉木坝村 1 个村民小组，建设生猪养殖基地，其中涵盖贫困人口 45 户 149 人。九是建立杉木、古场千亩精细蔬菜示范基地，涉及杉木、古场村两个村民小组，建设精细蔬菜基地 1200 亩，其中涵盖贫困人口 60 户 185

人。十是建立二坡万羽家禽养殖示范基地，涉及二坡村 3 个村民小组，建设家禽养殖小区 5 个，养殖家禽 110 万羽，其中涵盖贫困人口 120 户 365 人。

（3）"池塘式"产业扶贫模式。"池塘式"扶贫模式是指汇集企业本金、农村集体经济收益、财政惠农资金、金融资金、农民合法产权等各类资源，建立新型合作组织，让农民从中分享红利。通过"池塘式"扶贫模式，试点建设新型专业合作社 55 个，吸纳 4295 户农户 25 个企业入社；建设 18 个村级金融互助合作社，财政注入资金 360 万元。"池塘式"产业扶贫模式实现试点新型专业合作社和金融互助合作社的"两个全覆盖"，在帮扶贫困人口脱贫致富方面有着较好的效果。

案例 5　恩施州龙凤镇移民扶贫搬迁模式

恩施州龙凤镇地处武陵山区，部分农村居民生活在地质灾害频发、生态环境脆弱、农业生存条件较劣的地区，针对这部分居民，龙凤镇在充分尊重他们意愿的基础上帮助其搬迁。

在实施扶贫搬迁措施时，恩施州龙凤镇针对不同对象及不同落户地点实行分类搬迁安置措施，提供租房安置、廉租房安置、危房就地改造安置等七种模式供农民选择，确保"搬得出、稳得住、能发展、可致富"。对有较强自我发展能力，自愿搬迁到条件较好区域的村民，实行异地搬迁转移，引导人口向中心集镇集中。搬迁到"一主、两副、九个中心社区"集中居民点的农户，由政府按照规划设计实行招商代建，搬迁户按成本价购买，其宅基地由村集体提供；33 个农村社区、产业聚集区、主公路沿线的安置户，由农户按照试点规划要求实行分户自建或就地改造，其宅基地由搬迁户负责；对在龙凤集镇、龙马集镇有稳定工作的低收入群体，实行公租房安置；对完全丧失或基本丧失劳动能力的特困农户，由政府按福利政策统一安置；因城镇建设及重点项目需要，需搬迁安置的农户，按征地拆迁政策安置。

在拆迁时，恩施州龙凤镇根据搬迁者的贫困程度实行差异化奖补。针对退还宅基地的实际情况给予不同的奖励额度：退还符合规定的宅基地，每亩奖励 1 万元，在此基础上，将宅基地复垦为园地的每亩奖励 14 144 元，将宅基地复垦为林地的每亩奖励 6670 元。对于不同经济状况的农户给予不同金额的帮助。例如，搬迁的农户贫困状况一般，则给予补助金 1 万元/人；搬迁的农户属于特困户，则给予补助金 1.2 万元/人。龙凤镇已启动建设 21 个居民点，完成扶贫搬迁 411 户，启动民居改造 1281 户，完成危房改造 200 户。搬迁户在新建或改造房屋过程中，按特色民居建设要求完成房屋新建或改造的，享受新农村建设奖补政策。贷款贴息政策。建设投融资平台，提供小额担保贷款，对符合搬迁条件的搬迁户提供 5 万~10 万元的贴息贷款，贴息期限 3 年。

恩施州龙凤镇计划在 2013~2017 年，将 7699 户 24 822 贫困人口搬迁到安置区，改善安置区的生产生活条件，调整产业结构，拓展增收渠道，使贫困人口逐步脱贫致富。

第十二章
完善扶贫政策的政策建议

在中国经济高速增长的过程中，收入不均等的情况日益严重，尤其是农村收入分配不平等有不断加重的趋势（Kanbur and Zhang，2005；Wan，2005；Fan et al.，2010）。针对这一问题，中国政府将收入分配问题排在政府工作的首要位置，积极致力于农村的扶贫工作并将追求社会公平公正作为政府的重要责任。进入21世纪以来，中国实施了贫困村整村推进综合开发政策、"雨露计划"转移培训政策、农业产业化扶贫政策和扶贫搬迁易地开发政策等扶贫措施，帮助贫困地区的农村贫困人口脱贫致富。从本书分析中能够看出，这些扶贫措施的实施成效较为显著，然而，也存在着一些需要进一步完善之处。为使贫困人口对扶贫政策更加满意，能更加积极主动地参与到摆脱贫困的政策实施过程中来，进一步提高扶贫政策的效果，为此，建立在前文研究的基础上，本章提出如下相关观点，并提出有利于扶贫政策进一步完善的政策建议以期能为中国的扶贫事业尽一点绵薄之力。

一、扶贫政策基本导向的正确性

中国的贫困人口多数分布于广大的农村地区，且主要以农业生产为家庭主要收入来源。多年的实践经验表明，仅仅依靠农业生产摆脱目前的贫困状况是非常困难的。理论上也证明了单纯的农业生产难以使得农村人口收入水平大幅度提高，其原因主要与农村人口从事家庭经营生产的农业产品的弹性较小密切相关。具体表现为两种情况：一是农产品的价格弹性缺乏（图12-1），即农产品需求对价格变化的反应不灵敏。农业产出品由于缺乏可替代产品，且在人们家庭预算支出中所占的比例较少，从而导致了其缺乏价格弹性。二是人们对农业产品的需求收入弹性小，表明人们因收入发生变化引起的对农业产品需求的变化程度较小。由于农业产品的需求价格弹性和收入弹性的缺乏，农村人口生产出来的农产品即使取得了大丰收，但由于价格弹性的缺乏仍然难以获得较高的经济收益。因此，贫困的农村人口希望依靠农业生产获得较高的收入，从而能够得以脱贫致富的目的难以实现。在此情况下，对贫困的农村地区采取的扶贫政策就要积极考虑到如何克服农业生产领域的这种对于农村人口而言是较为客观的但却不利的情况。因此，有必要改变扶贫思路，采取更加符合客观实际和科学理论的途径和措施来帮助贫困地区的农村人口增加收入，摆脱贫困。

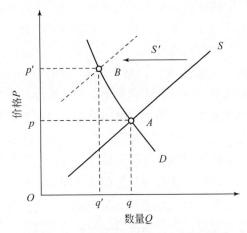

图 12-1　农业产出品需求价格弹性缺乏

无论是阿马蒂亚·森的多维贫困理论还是农业产品缺乏价格弹性和收入弹性理论来分析农村贫困问题，本质上都是为改善贫困地区农村人口贫困的境况提出了同样的政策导向建议，即帮助农村贫困人口摆脱贫困的根本举措是千方百计地提高农村人口的知识水平和技能水平，发展农业产业化，将农村人口由缺乏价格弹性和收入弹性的单纯的农业产业引向能够大幅度提高其收入水平的产业中去。中国在 21 世纪实施的贫困村整村推进综合开发政策、"雨露计划"转移培训政策、农业产业化扶贫政策和扶贫搬迁易地开发政策等扶贫措施，正是符合了这些理论的指导。一方面，这些理论肯定了中国目前实施的贫困政策基本方向的正确性；另一方面，这些扶贫措施充分肯定了这一理论对于中国贫困地区农村人口摆脱贫困具有重要的指导意义。

总体来看，目前实施的扶贫政策在导向上是正确的，但仍然存在着一些需要改进之处。基于本书对贫困地区农村人口的调查研究，了解了其对现行扶贫政策的满意程度及影响满意程度的相关因素，结合调查对象就扶贫政策提出的意见和建议，本书试图寻找优化扶贫政策的突破点，进一步增强扶贫政策的效果，以期让扶贫政策更加符合贫困地区农村人口的预期，提高扶贫政策实施的满意度，改善农村贫困地区的现状，更有针对性地解决农村的贫困问题。

二、如何正确看待贫困人口的贫困问题

收入平等目标下的农村扶贫政策研究

154

庇古在其《福利经济学》一书中指出，一个人的福利就是个人福利的总和，社会的福利就是全体社会成员的福利总和。因此，国家应加强对收入分配的干预，在不影响国民收入增加的条件下，通过国家的收入分配政策，增加穷人收入的绝对份额，减少收入分配的不平等，以增加社会经济福利[①]。"帕累托最优状态"理论则进一步表明，社会上所有人的福利都增加了，而其他人的福利也增加或没有减少，则社会福利是增加的。因此，扶贫政策使得整个社会贫困人口的福利水平增加了，而没有减少其他人口的福利状况，因此，扶贫是一种帕累托改进的过程。而阿马蒂亚·森（1979）对此观点提出了异议，他认为，按照帕累托最优化原则，任何一种收入分配状况都是最优的，但是一种收入再分配过程都是对帕累托最优化的破坏。因为收入再分配总是会使一部分人的收入下降，其结果是对"帕累托条件"的一种悖论[②]。在这种理论成立的情况下，扶贫措施究竟应该指向哪种类型的贫困人口则值得研究和深思。对此，一些经济学家提出应该了解贫困人口的贫困原因。Bergh（2006）提出，利用新福利经济学的分析工具，可以认为个人的收入多寡是由在工作收入和闲暇之间进行不同选择的结果决定的。这种分析方法指出了收入的两个决定因素，即个人的偏好和劳动生产率。如果不考虑税收和政府转移，工资率决定了闲暇和工资的所有可能配置，这可以被称为预算约束。假设收入和闲暇都有正向价值，那么个人将会选择预算线的前沿混合处——否则就会牺牲收入而选择更加享受闲暇，或者相反。无差异曲线的凸状形态源于个体在低工资时更愿意牺牲闲暇来换取收入。当工资高时，闲暇变得稀缺因而更加受到个体的重视。根据这种方法，很显然低收入的部分原因是工资率低，部分原因是个人偏好。为了看得更加清晰，考虑下面两种情况（图 12-2）。

图 12-2 的左图中两个个体 A 和 B 具有相同的工资率。然而，A 比 B 更加偏好闲暇，结果 A 和 B 之间出现了收入不平等；右图中两个个体 C 和 D 具有不相同的工资率，C 每小时比 D 的收入高，因此，C 的预算约束比 D 要大。然

---

① A. C. 庇古 . 2006. 福利经济学 . 朱泱，张胜纪，吴良健，译 . 北京：商务印书馆 .

② Sen A. 1979. The welfare basis of real income comparisons: A survey. Journal of Economic Literature, 17 (17): 1-45.

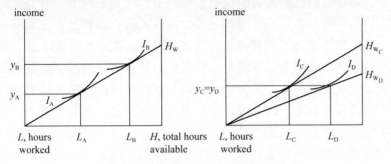

图 12-2　选择还是约束形成的贫困

资料来源：Bergh，2006

而，D 愿意比 C 工作更长的时间，从而他们获得相同的收入。由此可见，人们收入高低，或者是否贫困在一定程度上取决于其内心是愿意选择贫困还是愿意选择不贫困。因此，在制定扶贫政策、选定贫困人口时，要考虑帮扶对象的工作时间以便了解其个人贫困是由约束形成的还是由个人选择造成的，即要区分贫困造成的原因，从而有针对性地来进行扶贫。

　　在借鉴经济学家的不同分析理论和观点的基础上，本书认为为了使扶贫政策在充分有效地帮助贫困人口的同时，又不会造成人们因自愿选择贫困的做法得到鼓励的情况出现，应该首先区分贫困人口的贫困是属于选择性贫困还是属于约束性贫困。在区分了不同原因造成的贫困后，再分别参考阿马蒂亚·森的个人能力建设和国家收入分配政策来实现缓解贫困的最终目的。

三、区别对待选择性贫困和约束性贫困人口的帮扶措施

　　扶贫政策的作用效果如何以及如何进一步完善政策以更好地发挥作用，对于解决贫困问题、收入不平等问题以及促进社会和谐发展问题都有着至关重要的作用。因此，为了使扶贫政策的效果更有针对性，在实施扶贫政策时，首先要区分出贫困人口贫困的原因，是其偏好闲暇造成的还是其自身条件约束造成劳动生产率低下或是由劳动力丧失造成的，在此基础上进一步针对不同的贫困情况予以扶持。

　　对农村特殊的贫困家庭要加大扶持力度。近年来，各级政府的扶贫政策逐步由"救济式"的扶贫政策导向向"开发式"的扶贫政策导向转变，这种导向在一定程度上提高了农村贫困人口的就业能力，增强了其自身增收的能力，扶贫政策成效显著。但与此同时，在剩余的农村贫困人口中，一部分贫困人口属于身体残疾或智力低下等人员，表现为智力差、身体残疾缺乏劳

动能力等,如课题组在湖北省英山县实地调查中发现,受访者中有16.51%的贫困人口属于有重大疾病、身体残疾、精神疾病、孤寡老人等情况,这种情况下,政府很难通过贫困村整村推进综合开发政策、"雨露计划"转移培训政策、农业产业化扶贫政策或扶贫搬迁易地开发政策来达到提高贫困人口的就业技能,增加其收入,从而实现帮助其摆脱贫困的目的。针对这部分特殊的贫困人口,外界唯一能做的就是要进行"救济式"帮助。因此,在确保农村低保分配制度真正地向智力差、残疾人员、大病人口家庭倾斜的同时,要加大对这部分农村贫困人口的扶持力度,为其提供充足的财力、物力予以扶持,真正缩小收入的不平等,从而确保其能够享受到社会经济快速发展带来的高生活水平。

而对于选择性造成的贫困家庭则要重视贫困人口能力的建设。对于身体健康、智力正常的贫困人口,要更加重视通过提高其个人能力的建设来避免和消除贫困。通过提高贫困人口的教育水平、劳动技能、工作积极性等多种途径增强其就业能力,提高其收入水平,从而缩小收入不平等的差距,最终走向共同富裕的道路,确保社会和谐发展。

四、进一步规范贫困的标准,让扶贫政策更加公平公正

农村收入的准确统计在一定程度上存在着困难,因此,很难清楚掌握农村居民家庭收入的真实而具体情况,当以不准确的收入作为划分贫困的标准并由此决定谁能得到一定经济补助时,较多受访者会对操作的公平性产生不满。在课题组进行实地调查时,不少受访者对此就提出了看法,如针对农村低收入者实施的低保政策,很多受访者就表示执行过程中存在不公平问题,认为比自己家经济条件好的家庭都能享受到低保,而自己收入水平低却没能享受到补助,认为这项政策的实施不够公平公正。因此,迫切需要改进贫困的认定标准。我们建议从当前单一的测定方法转为多维测量方法,从农村的贫困人口的健康状况、教育保障、享受的医疗保障、饮用水安全、确保发展资金来源等多层次多方面来综合衡量贫困,确保能够精准地识别覆盖贫困对象,多种措施并举帮助贫困人口提高收入水平。

五、充分尊重贫困人口的反馈意见,不断完善扶贫政策

实证研究结果显示,贫困地区的农村人口对扶贫政策的增收效果、对收入不平等的改善效果等的看法,影响其对扶贫政策的满意程度。因此,在政策的

制定尤其是政策实施环节中，必须充分尊重贫困地区的农村贫困人口的意见，充分发挥贫困人口参与扶贫政策的积极性与能动性。要高度重视贫困人口对扶贫政策的反馈意见，实现扶贫政策的制定者与扶贫政策作用对象——贫困人口的良性互动，积极完善扶贫政策（图12-3），提高政策效果。

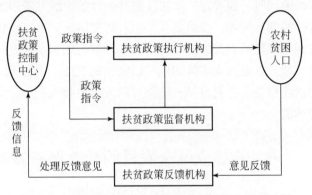

图12-3　政策的制定者与政策的作用对象良性互动图

六、因地制宜优化扶贫政策

立足贫困地区的实际情况，制定适合当地农村经济发展的扶贫政策，逐步建立"以产业化扶贫政策为主，整体推进扶贫政策为辅，其他扶贫政策综合利用"的扶贫政策体系，实现"整体带动、个体辐射"的扶贫局面，实现贫困户大范围脱贫，从而达到减小贫困规模、减少贫困深度与广度的三重扶贫效果。

在实施扶贫政策过程中，应更重视进行农产品的精深加工，延长农产品的产业链，这是贫困地区农村人口增加收入的重要途径。当前，贫困地区农村的农产品精深加工水平和层次还比较低，没有形成农产品的生产—加工—销售的完整的链条，农产品的附加值较低，由此导致了贫困地区的农村贫困人口增加收入较为困难。针对这种情况，要大力扶持贫困地区尤其是位于边远山区的贫困地区发展农业产业化，对这类地区给予进一步的政策倾斜。例如，给予信贷扶持，简化信贷手续，积极扶持当地的特色产业发展，大力延长农产品增值的产业链，充分发挥其农产品加工业的潜力及优势，增加贫困地区的农村贫困人口向第二、第三产业转移，增加其工资性收入，从而达到脱贫致富的目的。

七、确保扶贫政策的持续性

为了巩固扶贫政策的效果，确保贫困人口在脱贫后不再返贫，今后在重视对贫困人口扶持的同时，还要进一步关注脱贫人口的持续发展问题，确保扶贫政策效果的可持续性。因此，今后要在加快农村贫困地区道路硬化工程的实施和改善农村贫困地区交通状况的同时，进一步对贫困地区基础设施的维护、脱贫人口的就业技能、就业的渠道等问题予以密切地关注，使贫困地区、贫困人口在脱贫后仍然能够持续稳定发展，确保贫困人口的收入能力和贫困地区的经济水平得到持续提高。

八、进一步建立健全农村的社会保障体系

为了进一步解决农村贫困问题，缩小贫困地区与发达地区农村人口之间、贫困人口与城镇人口之间的收入差距，促进社会和谐发展，要在农村地区坚决贯彻执行"多予、少取、放活"的方针，统筹城乡发展，进一步减轻农村人口的负担。一是要在"低水平、广覆盖、保基本"的农村养老保障制度下，逐步加大农村社会保障的财政扶持力度，提高农村人口的养老保障金；二是提高农村尤其是农村贫困地区的义务教育质量，多渠道资助农村贫困家庭子女继续接受教育，确保无人因经济贫困而辍学的现象发生；三是减轻农村人口的医疗负担，进一步建立健全农村医疗社会保险制度，从而使农村人口的转移性收入所占比例不断提升。

九、提高农村人口进入市场的组织化程度

长期以来，千家万户分散经营和决策的贫困地区的农村贫困人口在市场竞争中处于弱势地位，由此严重影响了其收入水平的提高。因此，要改变由分散经营给他们造成的不利影响，要通过税收、金融等方面的扶持，鼓励各地区依托本地现有资源和产业优势，按照有利于农村贫困人口生产经营的方式成立专业合作社，提高农村贫困人口进入市场的组织化程度，从而让农村贫困人口有组织地进入市场，改变往日"小生产"和"大市场"对接的方式为"大生产"和"大市场"相对接，从而提高贫困地区的农村贫困人口的市场地位，避免乱抬物价、乱压农产品价格的事件发生，在提高农村贫困人口市场竞争力的同时增加其家庭经营收入。

十、大力发展新型乡镇龙头企业

农村人口之间尤其是贫困地区的农村贫困人口与发达地区的农村人口在收入方面存在着较大差距，而产生差距的主要原因就在于工资性收入差距较大。贫困地区的人均资源严重短缺，地方经济欠发达，众多的农村人口难以实现充分就业，由此导致与发达地区的农村人口收入差距日益加大。为了增加贫困地区的农村贫困人口的收入，今后贫困地区要依托当地的地方特色，加大招商引资的力度，逐步形成以项目和市场为支撑，以特色乡镇经济园区、乡镇工业基地为平台的各类经济产业集群，争取经过3~5年的大力扶持，能够发展一批有潜力、效益高的扶贫产业，吸纳当地农村劳动力顺利就业，大幅度增加农村贫困人口的工资性收入，带动当地农村经济的发展，从而彻底解决贫困问题。

总之，要充分立足贫困地区的自身条件与优势，在充分发挥国家政策资源的情况下，合理配置地方的社会和经济资源，制定出科学的统筹城乡发展与能够增加农村贫困人口增收后劲的相关政策；大力推进新型工业化的发展和城镇化建设；增强工业反哺农业和城市反哺农村的能力。在这些条件的共同作用下，农村贫困人口的收入能力才有可能得到真正意义上的提高。

参 考 文 献

A. C. 庇古 . 2006. 福利经济学 . 朱泱，张胜纪，吴良健，译 . 北京：商务印书馆 .

阿马蒂亚·森 . 2009. 以自由看待发展 . 任赜，于真，译 . 北京：中国人民大学出版社 .

王宏杰 . 2011. 湖北农村居民收入差距现状及缩小差距的政策建议 . 经济论坛，（12）：47-50.

Bergh A. 2006. Poverty and New Welfare Economics//Rauhut D, Hatti N, Olsson C A. Economists and Poverty from Adam to Amartya Sen. Vedams：New Delhi.

Fan S G, Kanbur R, Zhang X B. 2011. China's regional disparities：Experience and policy. Review of Development Finance, 1 (1)：47-56.

Kanbur R, Zhang X B. 2005. Fifty years of regional inequality in China：A journey through central planning, reforming and openness. Review of Development Economics, 9 (1)：87-106.

Sen A. 1979. The welfare basis of real income comparisons：A survey. Journal of Economic Literature, 17 (1)：1-45.

Wan G H. 2005. Rising Inequality in Post Reform China. https：//www. wider. unu. edu/publication/rising-inequality-post-reform-china［2012-04-13］.